サッカー選手のケガ
その予防と治療法

Dr. ヴォールファルト, モンターク=著

福林 徹=監訳 今井純子=訳

大修館書店

VERLETZT...WAS TUN?

by

Dr. med. Hans-Wilhelm Müller-Wohlfahrt
Hans Jürgen Montag

Copyright © 1996 by Verlag wero-press
by arrangement through Orion Literary Agency, Tokyo.
TAISHUKAN PUBLISHING CO.LTD., Tokyo, Japan. 2000

推薦します

サッカーの"皇帝"
F.ベッケンバウアー

健康はお金で買えるものではありません。健康は人間にとって最高の財産です。これを知らない人はいないでしょう。にもかかわらず、健康なときにこのことを考える人はほとんどいません。それは何の苦労もしなくても健康でいられるからです。しかし、何らかの理由でケガをしたり健康を損なうと、回復するまでにたくさんの苦労と時間とお金がかかります。

*

　小学生からプロ選手まで、スポーツマンなら誰でもケガの苦しみは知っていることでしょう。何週間、あるいは何ヶ月間にもわたって病院の待合室の常連になり、時には仕事に支障を来して経済的にも大きな損失となる危険があります。しかも、元通りにスポーツできるからだに回復するには、トレーニング場やフィットネスクラブ等で長い間悪戦苦闘をし続けなくてはなりません。

*

予防は何よりも重要です。ドクターである ヴォールファルトと、トレーナーのモンタークがこの本『サッカー選手のケガ―その予防と治療法』を書きました。私は、彼らの助けをサッカーはもちろん趣味のゴルフでも受けています。この本は、サッカー選手だけでなく、他のスポーツにおいても、どのようにしたらケガを防ぐことが出来るのかという貴重なアドバイスを与えて

くれています。そして、それでもケガをしてしまったら、それぞれのケースごとにどのように対処したらよいのかについて、スポーツ場面での経験豊富なお二人が、この分野の素人にもよく分かるように説明してくれています。

*

この本は、ケガや故障をしたとき参照すれば、サッカー選手だけでなく何百万人もいる趣味のスポーツマンにも、自分で最適な応急処置をするための貴重な助けとなるでしょう。ケガをした直後の対応が、のちの回復の経過に大きな影響を与えることになるからです。

　この本は、あらゆるスポーツ種目の子どもや少年、あるいはシニアの選手のコーチ、指導者、世話人にとって、すぐ手に取れるガイドとなるはずです。

　ケガ人が出れば皆さん一人ひとりが責任を負っています。多くのケースでは皆さんがその場に居合わせた最初の人として、まず何をすべきかを判断しなくてはならないのです。その意味で、この本は**誰もがスポーツバッグに入れておくべき本**といえましょう。

監訳にあたって

サッカー日本代表チームドクター
監訳者 **福林 徹**

　本書は、サッカーの先進国であるドイツで、サッカー選手のための傷害予防と対処法について、トレーナーやコーチ向けに具体的に書かれた本です。日本でもシドニーオリンピック、さらには2002年の日韓共催ワールドカップを控え、サッカー熱は盛り上がりつつありますが、そのようなサッカーの底辺を支えている現場のコーチやトレーナー、さらにはスポーツドクターの先生方にとって、この本はまさに必読書になると言っても過言ではありません。

　本書では、傷害の各論に入る前に、実践上のアドバイスとして現場での「Hot-Ice」治療やアイスジャム作成法について仔細に述べられています。この方式は今までのアメリカ流のスポーツケアーには述べられていなかった手法ですが、現場ではきわめて利用価値の高い方法かと思われます。また、それ以外の項目でもサッカー選手の頻度の高い外傷・傷害を中心に、診断、初期治療、その後のリハビリテーションについてステップごとに詳しく解説されております。そのため、本書に従っていくだけで早期の現場復帰、試合復帰が可能になると思います。

　翻訳にあたっては、日本の読者にわかりやすく理解していただくため、治療薬や塗り薬などの具体的名前を省かせていただく一方、多数のオリジナルな挿絵を挿入しました。

　最後に本著の翻訳にご尽力いただいた筑波大学今井純子嬢、また楽しくわかりやすい挿絵をたくさん描いていただいた鮫島菜穂子嬢に深謝いたします。

2000年6月

目　次

§ 推薦します・・・・・・・・・・・・・・・・・・・・・・i
§ 監訳にあたって・・・・・・・・・・・・・・・・iii

第１部　総　論

◆第１章◆
実践上のアドバイス

1　身体のケアと衛生・・・・・・・・・・・・・・・・2
2　機能的な装備と服装・・・・・・・・・・・・3
3　栄養、食事と飲料・・・・・・・・・・・・・・・5
4　補助手段・・・・・・・・・・・・・・・・・・・・・・・・9
　　冷却治療／「Hot-Ice」治療／アイススプレー／冷却パック／アイスジャム／気温が高いときのアイスタオル／湿布アルコール／パック／投薬
5　回復／クールダウン・・・・・・・・・・・14
6　ウォーミングアップ／
　　ストレッチング・・・・・・・・・・・・・・・15

◆

◆第２章◆
テーピング

1　治療用テーピング・・・・・・・・・・・・・27
2　湿布包帯・・・・・・・・・・・・・・・・・・・・・27
3　テーピングの手順・・・・・・・・・・・・・28

◆第1章◆
傷害の種類

◆第2章◆
頭部の傷害

◆第3章◆
筋の傷害

◆第4章◆
足の傷害

第2部　傷害各論

1　骨　　折 ・・・・・・・・・・・・・・・・・・・32
2　腱 鞘 炎 ・・・・・・・・・・・・・・・・・・・35
3　滑液包炎 ・・・・・・・・・・・・・・・・・・・37
4　裂　　傷 ・・・・・・・・・・・・・・・・・・・40
5　擦 過 傷 ・・・・・・・・・・・・・・・・・・・41

◆

1　裂傷／鼻血 ・・・・・・・・・・・・・・・・・・44
2　脳しんとう ・・・・・・・・・・・・・・・・・・45

◆

1　筋 全 般 ・・・・・・・・・・・・・・・・・・・49
2　筋の張り ・・・・・・・・・・・・・・・・・・・49
3　筋の打撲（チャーリーホース）・・・・51
4　外傷性コンパートメント症候群 ・・・54
5　機能性コンパートメント症候群 ・・・56
6　筋の機能障害 ・・・・・・・・・・・・・・・・57
7　肉 離 れ ・・・・・・・・・・・・・・・・・・・61
8　筋けいれん ・・・・・・・・・・・・・・・・・・65
9　筋 肉 痛 ・・・・・・・・・・・・・・・・・・・68

◆

1　足部打撲 ・・・・・・・・・・・・・・・・・・・71
2　足部の変形 ・・・・・・・・・・・・・・・・・73
　　⑴ ハイアーチ ・・・・・・・・・・・・・・73
　　⑵ 垂　下　足 ・・・・・・・・・・・・・・74
　　⑶ 開　張　足 ・・・・・・・・・・・・・・74
　　⑷ 回　内　足 ・・・・・・・・・・・・・・76
　　⑸ 扁　平　足 ・・・・・・・・・・・・・・76
3　踵 骨 棘 ・・・・・・・・・・・・・・・・・・・78
4　水疱（マメ）・・・・・・・・・・・・・・・・80
5　爪下血腫 ・・・・・・・・・・・・・・・・・・・82

v

	6 足関節の外傷・・・・・・・・・・・・・・・・・・・83
	(1) 靭帯断裂・・・・・・・・・・・・・・・・・・85
	(2) 脛腓靭帯結合損傷・・・・・・・・・85
	(3) 骨　折・・・・・・・・・・・・・・・・・・・86
	7 アキレス腱の外傷・障害・・・・・・・90
	8 シンスプリント・・・・・・・・・・・・・・・・96
	9 脛骨打撲・・・・・・・・・・・・・・・・・・・・100
◆第5章◆ 膝の傷害	1 膝関節の外傷・・・・・・・・・・・・・・・・102
	2 筋萎縮・・・・・・・・・・・・・・・・・・・・・・107
	3 血　腫・・・・・・・・・・・・・・・・・・・・・・108
	4 関節炎・・・・・・・・・・・・・・・・・・・・・・109
	5 膝蓋骨脱臼・・・・・・・・・・・・・・・・・・109
◆第6章◆ 鼠径部の傷害	1 鼠径部の外傷・傷害・・・・・・・・・・111
◆第7章◆ 腰部・頸部の傷害	1 腰部の痛み／坐骨神経痛・・・・・・・119
	2 頸部痛・・・・・・・・・・・・・・・・・・・・・・127
◆第8章◆ 肩・肘・手の傷害	1 肩関節脱臼・・・・・・・・・・・・・・・・・・131
	2 肩鎖関節脱臼・・・・・・・・・・・・・・・・132
	3 肩関節周囲炎（五十肩）・・・・・・・134
	4 テニス肘／ゴルフ肘／野球肘・・・・137
	(1) 急性炎症のテニス肘・・・・・・・137
	(2) ゴルフ肘／野球肘・・・・・・・・・138
	(3) 慢性テニス肘・・・・・・・・・・・・・139
	5 手・指の外傷・・・・・・・・・・・・・・・・146
	6 舟状骨骨折・・・・・・・・・・・・・・・・・・149
	§ 応急処置セット・・・・・・・・・・・・・・・151

第1部 総論

第1章 Praktische Hinweise 実践上のアドバイス

1 身体のケアと衛生

　衛生とケアに関しては、スポーツの場合も、当然のことながら私たちの生活の中で通常言われている原則と同じです。ここではその中のいくつかの点をとりあげ、いくつか推奨すべきことを紹介します。

1-1 身体の洗浄、ケア

　トレーニングや試合の後は、必ず身体を洗うべきです。しかし、身体を洗うことによって、皮膚に自然にできる酸の皮膜が損なわれてしまいます。スポーツ選手は1日に何回も身体を洗わなくてはならないので、石鹸やシャワーソープ、シャンプーは控えめに使うか、あるいは特別なものを使うようにすべきです（pH5程度の弱酸性のウォッシュローションやヘアシャンプー）。
　シャワーの後は洗いたての自分のタオルで拭き、髪はドライヤーで乾かします。気温が高いときでも、髪が湿ったままだと、首が冷え、頸部の筋の緊張を招く危険があるからです。目立つ部分だけでなく、例えば手の爪なども清潔に手入れするようにします。同様に、足の爪も定期的に手入れします。

1-2 足の手入れ

　ロッカールームや浴室、シャワールームの中では、菌に感染する危険があるので裸足で歩いてはいけません。必ず自分のシャワーサンダルを履くこと。これは貸し借りしてはいけません。すでに感染している人（多くは足の水虫）は、足（指の間も）、ソックス、シューズ内部に徹底してパウダーやスプレ

ーを使うようにします。体質的に足に汗をかきやすい場合は、シャワーの後に指の間をドライヤーでしっかりと乾かし、フットパウダーで手入れします。フットバス、爪の手入れ、フットマッサージは健康を促進します。

　固い地面で長時間走ったり負荷を受けたりする場合には、水疱（マメ）ができるのを防ぐために、事前にワセリン等を塗るとよいでしょう。

1-3　服　装

毎日洗い立ての下着とソックスを着用するようにします。

1-4　持ち物

汚れたタオルや着替えをスポーツバッグに入れっぱなしにしないこと。バクテリアの最高の温床となってしまいます。

2　機能的な装備と服装

2-1　シューズ

　シューズはほとんどの種目で最も重要な用具であると言えます。スポーツシューズには1回ジャンプするごとに体重の何倍もの力がかかります。シューズは衝撃を吸収し、よりよい踏み込みを可能にし、安定させ、動きを誘導し、場合によっては不適切なアラインメントを修正する働きをします。これらの要求に十分に応えてくれるのは、たいていの場合、大手メーカーの製品です。シューズを正しく選択することは、ケガの予防の第一歩となる重要なことです。

　スポーツシューズの開発や供給は非常に盛んで、非常に速いサイクルで、旧製品より優れていることをうたったニューモデルが市場に出回ります。

　購入する際に大切なのは、しっかりしたよいシューズであることです。安売りのお買い得品は、結局は割に合わないことが多いものです。足や関節に問題が出て、かえって高くつく可能性もあります。新しいシューズを購入する際には、専門家の助言を受けるべきです。もしも障害がある場合には説明し、現在使っているインソールや履いていたシューズを持って行って見ても

らうようにします。専門家にとっては、現在使っているソールを見ることが、荷重の偏りを見抜く最高の手がかりとなるのです。

> **メモ** 足に障害がある場合には、履き古したシューズを医師に見てもらうことをお勧めします。

　シューズの購入はできるだけ午後にすること。というのは、足の縦と幅がさまざまな負荷によって変わるからです。後になって靴が小さすぎてがっかりすることがないようにするため、とくにスポーツシューズを買う場合は、スポーツをした後にします。買うときにはできるだけスポーツのときに実際に使うソックスやストッキングを着用し、必ず両足とも履いてみること。
　サッカーでは、とくにレクリエーションのときや年少のプレーヤーの場合には、トレーニング、試合にかかわらずトレーニングシューズを使うことをお勧めします。固い地面でプレーする場合は、プロも同様です。スパイクは深い滑りやすい地面のときだけ履くようにします。

> **メモ** それでもスポーツシューズが小さすぎるときには、縫い目と縁を押し広げ、さらにこすって広げる方法があります。革を柔らかくするスプレーをして、靴型で1晩かけて伸ばすのです（靴専門店で入手可）。新しいシューズを水につけてなじませるという方法もあります。

2-2　ソックス

　水疱や発汗を防ぐためには、足に合ったソックスを履いてヒダやシワができないように注意します。また、木綿製であること、場合によっては、つま先と踵（かかと）の部分が補強されているものがいいでしょう。

> **メモ** 水疱を予防するためには、とくに固い地面などで足に大きな負荷がかかる前に、ワセリン等を塗り込むようにします。

2-3　スポーツウエア

　シャツやショーツにはさまざまなバリエーションがあります。トレーニングには、通常の場合、大きめのトレーニングウエアの下に木綿のシャツと、合成繊維／木綿混合のトレーニングパンツで十分です。木綿の欠点は、湿気

を放散しにくい点です。例えば、ポリエステルと比較すると、約20倍もの水を含んでしまいます。

とくに夏はウエアの下に薄手のメッシュのシャツを着ると効果的です。汗は蒸発し、繊維が皮膚につきません。ウエアは大きめのものを着て、肩のあたりがこすれたり、皮膚が擦れたりすることのないようにします。

ショーツも同様です。とくに汗をかくと両脚の大腿の間が擦れやすくなります。この場合も危ない部位にワセリンを擦り込むとよいでしょう。

とくにサッカーの場合、ふつうのショーツの下にいわゆるスライディングパンツをはくことをお勧めします。スライディングによって大腿に擦り傷ができることが多いので、その保護のためです。

冷却と通風に注意します。スポーツ選手の多くは天候に配慮が足りません。暖かい気温のときでも蒸発によって熱が失われることで頸背部が冷え、頸部の凝りなどの失調が出る危険があります。テニスプレーヤーは試合前に屋外で練習をするときには、できるだけ上着を着て、背中を適切な運動温度に保てるようにします。これはサイドチェンジのとき、セット間の休憩でもそうですし、日陰でも注意が必要です。寒い気候のときには、アンゴラあるいはネオプレーン素材の胴着が役立ちます。

3 栄養、食事と飲料

健康的な食事は、スポーツの最適なパフォーマンスのための重要な前提条件です。トレーニングや試合の前、中、後に、とくに水分をとることが必要です。発汗やミネラルの喪失およびエネルギー消費を考慮してのことです。我々の経験によると、重大な誤りがしば

しば見受けられます。

3-1 飲　料

　1時間を超える長いトレーニングや試合のとき、とくに暑い気候のときには、休憩やハーフタイムの間に失われた体液とミネラルを取り戻すことが必要です。身体への負荷が大きく数時間にも及ぶ場合（例えばトーナメント）、選手は2〜3ℓの水分——あるいはもっと多くなることもある——を失います。体重の2％の水分を失うと、パフォーマンスは低下します。

　したがって、トレーニングのとき、あるいは試合の間にもできるだけ、失われた水分を、エネルギーを含むミネラル飲料を少量ずつ飲むことで補給することをお勧めします。

　少し甘みをつけたレモンティー（16〜20℃）、ミネラルウォーターも同様にリフレッシュに効果的です。アップルジュースをミネラルウォーターで割ったものは、スポーツの後に失われたミネラルと水分を補給しリフレッシュするのに理想的な飲料です。

> **メモ**　さまざまなミネラル飲料が出回っていますが、メーカーの宣伝にだまされてはいけません。プロがフィールドサイドで飲んでいる飲料は、必ずしも容器に記載された成分と一致しているとは限らないのです。偉大なスター選手も、実際は試合中に「ミネラルドリンクのビン」からただのミネラルウォーターを飲んでいることも多いのです。

　いかなる場合にも、運動の直後ののどの渇きをレモネードやアルコール飲料でいやそうとしてはいけません。大きな負荷を受けた後には、身体が受け入れやすい適切な飲料は、ミネラルウォーター、あるいはミネラルウォーターにフルーツジュース（例：アップルジュース）を混ぜたものです。

　リフレッシュの1杯のビールは、1〜2時間後、身体がクールダウンして内臓が回復してから飲むこと。それならば問題はありません。

　体力を消耗するようなスポーツ活動では、肝臓にストックされたエネルギーが必要とされるので、トレーニングや試合後にアルコール飲料を飲むと、肝臓に大きな負担がかかります。1〜2時間たてば失われたエネルギーがだいたい回復しています。

　試合前の夜に1杯のビールやワインを飲むことはかまいません。これらの飲料は、有効な栄養素、ビタミン、ミネラル、微量元素を豊富に含んでいま

す。しかし、1杯で終わりにしておくべきです。イタリアやフランスなど南欧の国々のスポーツ選手は昼食にもワインを飲んでいますが、それは彼らの生活習慣なのです。

　一般的にスポーツ選手が、高濃度のアルコールを飲むことは、たとえ薄めても水で割ってもやめておくべきです。大量に飲むと、神経システムと筋のコーディネーションに非常に悪影響を与え、また胃腸の粘膜の障害、代謝障害、高血圧等にいたるおそれがあります。

◆スポーツ外傷の際のアルコールは禁止
　スポーツ外傷のときには、原則として最初の24時間はアルコール飲料は絶対に禁物です。体内の水分の分配と身体の調整メカニズムが失調してしまいます。患部に水分が集中し、腫れが増すことが考えられます。

3-2　スポーツ活動を意識した食事

　飲料に関して言えることは、食事にもあてはまります。スポーツの後には、身体がまだ回復していないうちは、まず適度に食べることが必要です。これはとくにトーナメントの間の休憩のときにも言えることです。まずいくらか軽めで消化のよい炭水化物の豊富なもの（例：麺類、パン類、ポテト、ライス、温野菜）をとって、エネルギーを補充するようにします。

　食事は、トレーニングあるいは試合の遅くとも3時間前までにはとるようにします。さもないと食べたものが胃に重く残ってしまいます。食事の30分後には、胃はフル活動をしています。食事はおもに軽くて消化のよい炭水化物（例：麺類、パン類、ポテト、ライス）で、脂肪やタンパク質、繊維をあまり含まないものを適量とるようにします。また、試合の約3時間前にブイヨンかトマトスープを食べることもよいでしょう（ミネラル、水分の摂取）。

　健康的なバランスのとれた食事をとることは、とくに若いスポーツ選手にとってはそう簡単なことではありません。短い昼休みに食堂やファーストフードレストランでとる簡単な食事では、身体が要求するバランスのとれた栄養を摂取することはできません。

　スポーツ選手にとっては、南欧で通常とられている「地中海料理」はバランスのとれた食事といえます。麺かパン類、さまざまな種類の温野菜、魚、フレッシュサラダとオリーブオイルのマリネなどです。オリーブオイルは、

飽和脂肪酸と不飽和脂肪酸のバランスに優れ、脂溶性ビタミンが体内によりよく取り込まれるようになるという効果を持つ優れた食品です。

イタリアのサッカープレーヤーが、偏った食事をとるドイツのプロに比べて、よい働きをするのは根拠があることなのです。

肉を一切れ食べたいのであれば、食べることをお勧めします。まず第一に白身の肉（七面鳥あるいは鶏など）、魚、あるいはもしも入手が可能であればダチョウの肉も適しています。

肉が活力源であることは間違いありません。肉にはタンパク質が豊富に含まれ、また鉄、亜鉛、そしてビタミンB群が含まれています。野菜、麺類、ポテト、ライス、フレッシュなザワークラウト（キャベツの漬け物）と、バランスよく少量の肉を食べるのであれば、それはベストであり、スポーツ選手にも勧められる食事です。

> **メモ** ワールドクラスのアスリートの多くは、朝食に十分な量のオートミール（オート麦〈燕麦〉のフレークを食塩少々と水で粥状に煮たもの。アングロサクソンの国々では好んで食べる）を食べています。この食品の長所は、栄養素を豊富に含んでいることと、満腹感があること、そしてその後胃にもたれないことです。味をよくするためには、ハチミツ、シナモン、あるいはまた少量のコンデンスミルクを加えるとよいでしょう。

◆スポーツで消費されるカロリー

スポーツで消費されるカロリーは、時間、強度、種目、体重などによって異なります。週に3回、40分程度のランニング（12km/h）を2週間行うと、体重を約2kg落とすこともできます。ゴルフではその約半分になります。ランニングとスキーのクロスカントリーは、カロリーが最も速く消費されます。

以下に挙げるのは、体重80kgの男性の値です（仕事量、kcal(kJ)/40分）。

- ランニング（14km/h）　　730kcal（3058kJ）
- ランニング（12km/h）　　656kcal（2748kJ）
- ジョギング（9.5km/h）　　518kcal（2170kJ）
- スキー長距離（8km/h）　　550kcal（2304kJ）
- サイクリング（23km/h）　　525kcal（2199kJ）
- バスケットボール　　　　　430kcal（1801kJ）
- クロール（40m/Min）　　400kcal（1676kJ）
- テニス　　　　　　　　　　317kcal（1328kJ）

○ウォーキング（7 km/h）　　300kcal（1257kJ）
○ゴルフ　　　　　　　　　　211kcal　（884kJ）
○ドライブ　　　　　　　　　 32kcal　（134kJ）
○テレビを見る　　　　　　　　5kcal　 （21kJ）

（Herbert Steffny のパンフレット"Walking-Jogging-Running"より）

4 補助手段

「Hot-Ice」、アイスジャム、治療薬パックなどのさまざまな補助手段の作成のためのアドバイスを以下に示していきます。

4-1 冷却治療

ごく最近になって、ようやくアイススプレーやアイスキューブを使った応急処置の時代に終わりが来ました。私達はもうそれらを使用していません。アイスキューブをビニール袋に入れる時代は終わりました。そのような方法はもはや時代遅れです。

打つ、突く、蹴られるあるいは転倒等によって、身体のさまざまな構造に外力が作用した場合、適切な応急処置によって損傷した身体の部位のその後の障害を最小限に保つことが必要です。

4-2 「Hot-Ice」治療

「Hot-Ice」はアメリカで起った概念で、理想的な応急処置の補助手段です。「Hot-Ice」の長所は、患部を数時間にわたって、凍傷になることなく均等に冷やし続けることができるという点にあります。氷水にアルコール（市販の消毒用60％エタノール）少量を入れると、0℃をわずかに超える、理想的な冷却温度となるのです。そうすると、組織に栄養を与える代謝は抑制されますが、完全にブロックされることはありません。

それに対し、以前ふつうに行われていたように、身体の一部をふつうの氷で完全に冷却してしまうと、望ましくない過剰なリアクションが起ります。氷をはずしたときに、冷却されていた部位の熱が上がるのです。血管が拡張し、血行がフル回転となり、当該部位の温度の低下を相殺しようと

第1部 総　論

します。その結果、冷却を保持しておきたいにもかかわらず、その部位が温まってしまうこととなります。

◆簡単な「Hot-Ice」の作り方

　アイスキューブを約30個入れた5ℓのアイスボックスに約2ℓの水道水を入れます。アイスボックスの代わりにバケツやボウルを使用してもよいでしょう。とくに夏の場合は、冷えにくいので、少し時間をおいてからさらにアイスキューブを追加します。

　氷水にアルコール（市販の消毒用60％エタノール）少量を入れると、「Hot-Ice」の最適な温度（約1℃）が得られます。「Hot-Ice」で満たしたアイスボックスに、7.5cm幅の弾性包帯2本、10cm幅1本、およびスポンジを入れます。

> メモ　スポーツ選手は、ケガをしたときのために、製氷室や冷凍庫に氷を常に作っておくべきです。

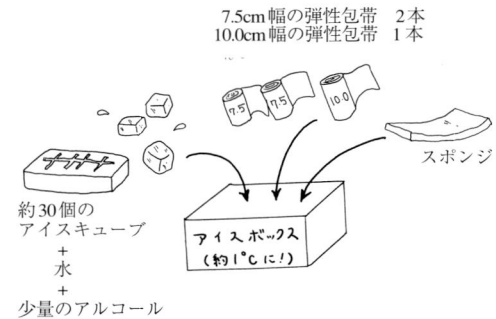

図1-1　「Hot-Ice」包帯の作り方

◆「Hot-Ice」包帯

　氷水で湿らせた弾性包帯を患部にゆるめに広めに巻きます。圧迫包帯の場合は、氷水で湿らせたスポンジを患部の上に載せ、その上から弾性包帯を巻き、広い面を圧迫できるようにします。通常「Hot-Ice」包帯はまず20分間巻いておきます。その後再び湿らせます。

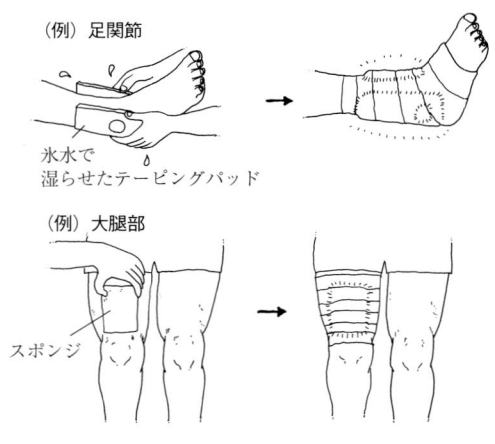

図1-2　「Hot-Ice」包帯の巻き方（圧迫包帯の場合）

圧迫包帯は、どんな場合でも必ず20分ごとにはずして、4〜5分、間をおかなくてはなりません。それによって、圧迫された部位に、再び血液が通うようにします。皮膚が一様に赤くなったら再び包帯を巻きます。「Hot-Ice」包帯の際には、アルコール（市販の消毒用60％エタノール）を追加すると効果的です（0.5ℓの水にスプーン2杯）。圧迫包帯は通常、約4〜5分の休憩をおいて、3〜4回繰り返します。

4-3 アイススプレー

アイススプレーを使用する場合もあります。しかし私たちは、患部をあらかじめ「Hot-Ice」で湿らせた上から使うことをお勧めします。そうすれば氷が固まらず、0℃をわずかに超えた望ましい温度で湿って冷却されるからです。

アイススプレーは乾いた皮膚に直接スプレーしてはいけません。また、指、すね、膝蓋骨、くるぶし等、損傷部位が小さい場合にのみ用いるようにします。皮膚に傷がある場合には使わないようにします。

> 注意　アイススプレーやアイスキューブは、皮膚に直接使う場合には注意が必要です。バケツ1杯の水に氷を入れるだけでよいのです。アイスジャム（P.12参照）にしてストッキングやソックスなどに入れたとしても、患部に当てるのは10分間を限度とします。冷水の方がよほど有用です。冷水はゆっくりとではありますが、持続的な効果で血管を収縮させ、痛みの原因であるキニンの広まりを抑えます。その一方で、身体に必要な治癒のプロセスは持続し、氷での治療の際のようなネガティブな過剰なリアクション（過熱等）は起りません。

4-4 冷却パック

「Hot-Ice」に代わるものとしては、冷却パックがあります。そのパックには、2つの成分が分かれて入っていて、中のパックを手か拳でつぶして成分を混ぜ合わせると化学反応が起って、氷点下の温度を得ることができるというものです。

「Hot-Ice」と比較したときの短所としては、冷却パックはすぐに冷温を失い、体温を得てしまうことです。そのためそれ以後冷却効果は失われてしまいます。長所は、取り扱いや運搬が楽であるという点です。

4-5 アイスジャム

これは例えば筋の打撲、肉離れ、足や膝の靱帯損傷の際に用います。

ソックスやストッキングに氷を詰め、それを床や固い面にたたきつけ、氷を細かくなるまで砕きます。そうすると形を簡単に整えることができるようになります。それを湿らせたタオルの上に載せ、患部の形に合わせてだいたいの形を作り、それを弾性包帯で固定してその状態を保てるようにします。

©注意　アイスジャムは、皮膚の上に直接当てるのではなく、湿らせたタオルの上から当てるようにします。

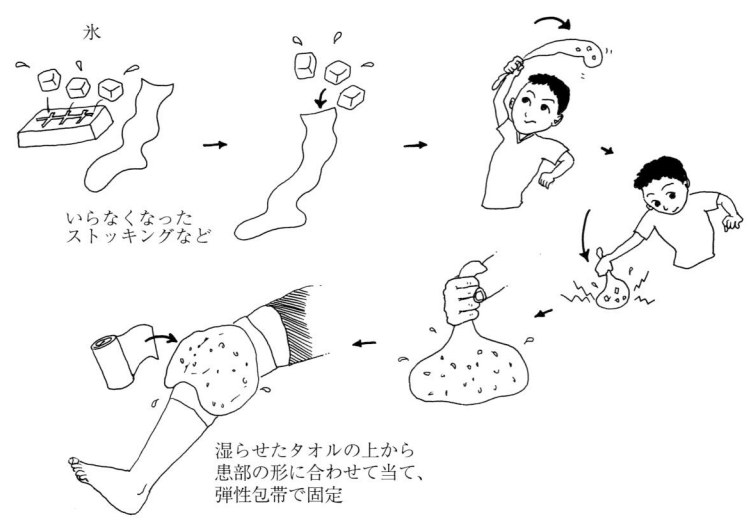

図1-3　アイスジャムの作り方

4-6 気温が高いときのアイスタオル

夏のとくに高温のときの温度調節に勧められる方法です。氷水（水道水にアイスキューブ）を入れた容器（例：バケツなど）に、ふつうの大きさのタオルをたくさん入れたものを、休憩前に準備しておきます。選手は脚と首をアイスタオルで冷やすことによって熱を逃がして、体温の過剰な上昇と熱射病を防ぐことができます。暑いときには、極度に冷たい（氷温）飲料をとら

4-7 湿布アルコール

これは、以前は通常の冷却用によく用いられていた家庭用品です。薬局で入手可能で、今でも非常に有用なものです。冷却の必要が生じたときに、冷水5に対して1の割合でアルコール（市販の消毒用60％エタノール）を混ぜ、タオルに含ませて患部に当てます。15〜20分おきにまた湿らせます。アルコールの素早い揮発により、冷却効果が促進されます。

図1-4　アイスタオルによって体温の過剰な上昇を抑える

4-8 パック

◆カゼインパック（凝乳、カード）

適　用：アキレス腱炎、膝関節や足関節の腫れ、肘関節の滑液包の腫れなど。

冷蔵庫で冷やしておいた0.5ポンド（約230g）の冷たい脱脂凝乳を患部に厚く載せます。家庭用のラップでくるむことで、凝乳の水分と弾性を保つことができ、固くなって皮膚に擦れたりすることがありません。パックは布と弾性包帯で巻き、夜間もそのままにしておきます。

◆ファイヤーパック

適　用：腰や首の痛み、肩のこわばりなど。

軟膏をへらで1〜2cmの厚さで痛む部位に塗ります。その後湿らせたタオル、ビニールのラップを載せ、その上からさらに湯たんぽまたは電気毛布を載せます。このパックは1日2回、15〜20分間行います。

> 重　要　皮膚に合わないとき、湯たんぽや電気毛布で皮膚の熱が上がりすぎたようなときにはすぐにはずします。

肩の痛みに対しては、温めた後、痛むポイントを氷や「アイスローリー」でこするようにします。

第1部　総　　論

アイスローリーの作り方
ヨーグルトの容器（小さい部位用には小さめの容器）に水を入れ、短い棒を差し込んで冷凍庫で凍らせます。その型に凍った氷で棒を使って患部をこすることができます。

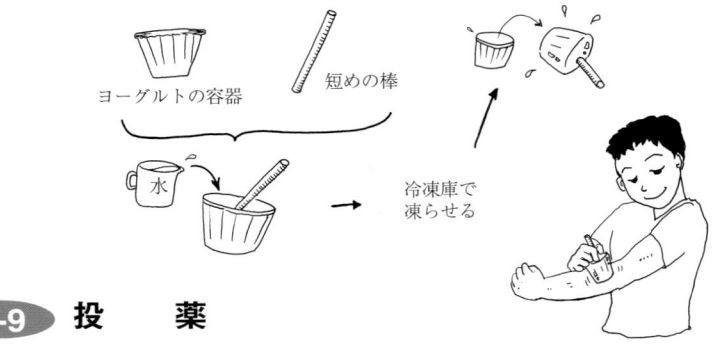

4-9　投　　薬

投薬の処方に関しては基本的に担当医に委ねるようにします。

◆鎮痛剤

　強い鎮痛剤の使用は、どうしても必要な場合、痛みが強い場合のみにすべきです。これらは必ず医師によって処方されるべきものです。鎮痛剤を服用した後には、痛みを客観的にとらえることができず、そのケガに本来必要なはずの保護をしなくなってしまうからです。それによって治癒プロセスが阻害されるおそれがあります。

5　回復／クールダウン

　試合が終わった。ホームストレッチを駆け抜けた。試合終了のホイッスルが鳴った……。しかしそれは、スポーツ選手にとってはまだ終わりではありません。パフォーマンス能力をできるだけ早く元通りに回復するためには、できるだけ早く「クールダウン」をしなくてはなりません。これは、積極的あるいは受動的な回復のための手段です。疲労回復を図ることで、疲労産物をできるだけ速やかに除去し、身体が素早く回復するのを助けます。翌日になってしまったら、もう同じ効果を得るのはよほど困難になります。

第1章　実践上のアドバイス

◇積極的回復と受動的回復を使い分けます。その場合、受動的な手段で積極的な手段の代わりとすることはできません。理想的なのは、例えば試合の後にクールダウンのジョギングを10〜15分間行うことです。これは陸上競技では一般的になっています。サッカー選手の場合、安全上の理由から、観客のことを考慮して、実践できないことが多いようです。その代わりとなるのがロッカールームでの回復のための体操とストレッチングです。

◇または、約20分間、筋に大きな負担をかけずに軽い負荷で自転車エルゴメータをこぐこともお勧めします。

◇積極的な疲労回復の後に受動的な回復をつなげます。十分なシャワーで、徐々に温度を上げていきます。あるいはもしも可能であれば、37〜38℃の温水の中で（例：疲労回復プール）約10分間、力を抜いて心地よい感覚で泳ぎます。

◇試合後すぐに疲労回復プールを利用することができなければ、家で1〜2時間後に入浴をするのもよいでしょう。温水に一撮みの食塩を入れるとさらに効果的です。

◇その後少し発汗します。大きなタオルかバスローブにくるまり、さらに汗をかくようにします。または約10分間体操かストレッチングをします。

◇サウナは低めの温度に設定することをお勧めします。約60℃で6〜8分以上、軽く汗をかきます。

◇その後場合によっては、マッサージオイルを使って回復マッサージを行います。

◇その後休憩します。

6　ウォーミングアップ／ストレッチング

あまり好きではない人もいるかもしれませんが、スポーツ選手にとって、筋を伸展させリラックスを図ることは義務であると言えます。それは、レクリエーションとしてスポーツを楽しむ程度の者であろうとプロであろうと同

じことです。ウォーミングアップのプログラムの不可欠な要素です。まず入念にウォーミングアップをし（体操で身体を温め）、ウォーミングアップのストレッチング（静的なストレッチング）でこれから受ける負荷に向けて身体を調整します。身体を運動に適した温度に上げていくことで、敏捷性を高め、最適な高いパフォーマンスの発揮を可能にします。

ウォーミングアップによって軽く汗をかき、筋を望ましい温度に上げることで、関節と筋の調和のとれた協調を促進します。

ウォーミングアップにかける時間は10～15分間、それに続くストレッチングは約4～5分とかなり短くてもかまいません。しかしこれは、さまざまな観点からみて、やる意味のあるものなのです。F1のレーシングカーと同じように、人間の身体も、あらかじめモーターを温めておいて、まずウォーミングアップのラウンドを少しこなしておいてはじめて、本番で高いパフォーマンスが可能となるのです。ウォーミングアップとストレッチングによって、力が発揮しやすくなり、ケガを予防することができるようになります。しっかりと伸展された筋、靱帯、関節は、その後のトレーニングや試合で損傷しにくくなります。

そのためここでもう一度、一人一人のスポーツ選手に注意を促しておきます。たとえ退屈でつまらなかったり、はじめのうちは面倒であったとしても、ウォーミングアップとストレッチングは、トレーニング、スタート、ゲーム前のスタンダードプログラムに組み入れるべきです。ただし、ウォーミングアップは正しく習得しなくてはなりません。コーチやトレーナーからその基本ルールを正しく学び、その後で自分で反復できるようにします。

もしもスポーツ選手が、身体にその効果を感じ、ウォーミングアップのエクササイズを毎回の日課にすることができたら、これを当然すべきこととして自然に受け入れることができるようになるでしょう。

注意 ウォーミングアップは、各種目に応じた形で活用すべきです。各選手は、実際にその種目でよく使うことになる筋を重点的に伸ばすことが必要です。

人の可動性／柔軟性は、根本的に体格によって決まっています。一つの動きの最終的な振幅は、身体の組織の構造と体格によっています。そこで変な

やる気を起すべきではありません。他の選手の可動性が自分より優れているからといって、それを自分に当てはめて基準とすることはできないのです。

◆ウォーミングアップとストレッチングのための基本ルール
◇ウォーミングアップは穏やかで軽いエクササイズのプログラムです。以前行われていた、かけ声をかけながらやるような動きのとぎれた体操とは全く異なるものです。これは指導を受けながらきちんと学ぶ必要があるもので、はじめの段階では辛抱強く練習すべきです。
◇ストレッチングの際には、力はほとんど必要ありません。無理に力をかけて伸ばしたり間違ったやり方をすると、ケガをする危険性があります。
◇伸ばす際には、弾みをつけたり揺すったりしてはいけません。そうすると筋が固くなり、また過伸展や肉離れの危険があります。
◇筋はやたらと頻繁に、時間をかけて伸ばせばよいというものではありません。さもないと、試合に必要な筋の張りが失われてしまいます。筋は試合前に自分の安静時の長さより伸ばされたときにのみ、その最大筋力を発揮できるのです。

◆正しいやり方（P.18～23の写真参照）
◇10～15分間ゆっくりと静かにジョギングをし、体操をします（体幹、腕、脚、足、手のそれぞれのグループを動かします）。
◇軽く汗をかいたら、次の段階に進みます。今度は、4～5分間ストレッチング（静的ストレッチング）を行います。
◇伸展刺激を感じられるところまで、各筋を20秒ずつゆっくりと伸ばします。痛みが出るところまで伸ばしてはいけません。

> **メモ** ウォーミングアッププログラムの際の服装は、気温と種目に応じて決めます。サッカーの場合、最終段階のウォーミングアップにはできるだけ試合時の服装で行うようにします。それに対して陸上競技の場合には、スタート直前までトレーニングウエアを着ておくようにします。身体から「湯気がたった」状態でスタートブロックに向かうべきです。

　素早く回復するためには、トレーニングや試合の直後に積極的、受動的な疲労回復を行うべきです（「回復／クールダウン」の項参照）。

第1部 総 論

■大腿後面のストレッチング
①伸ばしたい方の脚を伸展させて前に出す。②両手を大腿に当て、下に押す(膝関節が伸展するまで)。③次に上体を腰から前傾させる。その間視線はつま先に向ける。〈時間:約20秒間〉

■大腿前面のストレッチング
①伸ばしたい方の脚の膝を地面に着ける(必要があればタオルを下に敷く)。②上体を前に出し、曲げた脚の上に来るようにする。③伸ばしたい方の脚の下腿を臀部に引きつける。〈時間:約20秒間〉

■大腿外側面のストレッチング
①伸ばしたい方の脚を反対の脚の後方で交差させる。②両手は腰に当て、上体を反対方向に倒す。〈時間:約20秒間〉

■内転筋のストレッチング
①伸ばしたい方の脚を開いて身体の横に出し、伸展させる。②体重を前の方へ、曲げた脚の上に移す。③手は伸ばした膝に当て、臀部を下におろしていく。〈時間:約20秒間〉

第1章　実践上のアドバイス

■下腿の筋のストレッチング（ヒラメ筋）
　①伸ばしたい方の脚を、後ろに引く。②膝関節を曲げる。③両手を腰に当てて、踵は意識して地面に押しつけ、膝は前に曲げる。〈時間：約20秒間〉

■下腿の筋のストレッチング（腓腹筋）
　①伸ばしたい方の脚の膝を伸ばす。②反対の脚のつま先をアキレス腱にかける。③上体を前方へ倒す。④踵は地面に着けておき、骨盤を前に倒して伸ばしていく。〈時間：約20秒間〉

■臀筋のストレッチング――エクササイズ1
　①あお向けになり、伸ばしたい方の脚を反対の脚の大腿にかける。②両手で反対の脚の大腿の後面をつかみ、胸に引きつける。〈時間：約20秒間〉

■臀筋のストレッチング――エクササイズ2
　①地面に座って、片脚は膝を伸ばし、反対の脚は膝を曲げて、伸ばした脚にかける。②反対の手で、大腿を外側からつかむ。③身体を反対にひねる。④肘と手で大腿と膝を身体の中心方向へ。〈時間：約20秒間〉

第1章　実践上のアドバイス

■背筋のストレッチング
①あお向けになり、両膝を両手で頭の方向に持ってくる。②頭を両膝の間に入れ、その状態を保つ。〈時間：約20秒間〉

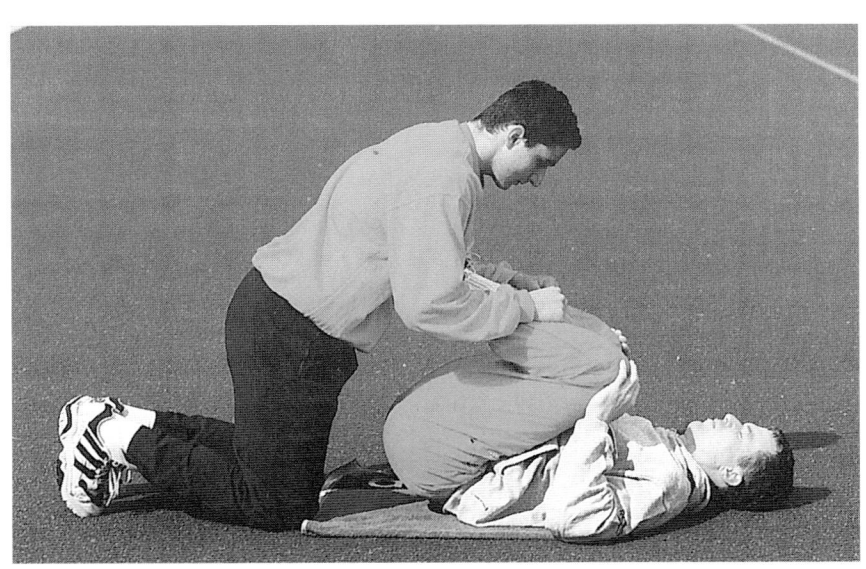

■2人組での背筋のストレッチング
①パートナーの胸に両足を当てる。②胸の方向から押されることにより、ストレッチされる。〈時間：約20秒間〉

第1部　総　論

■２人組での胸筋のストレッチング
①２人はそれぞれ片足を前に出し、横に並ぶ。②上体を少し前に出し、腕を曲げ、前腕と手のひらを合わせて、軽く押し合う。〈時間：約20秒間〉

■上腕のストレッチング
前腕を手でつかみ、頭の後ろで反対の肩甲骨の方向に引く。〈時間：約20秒間〉

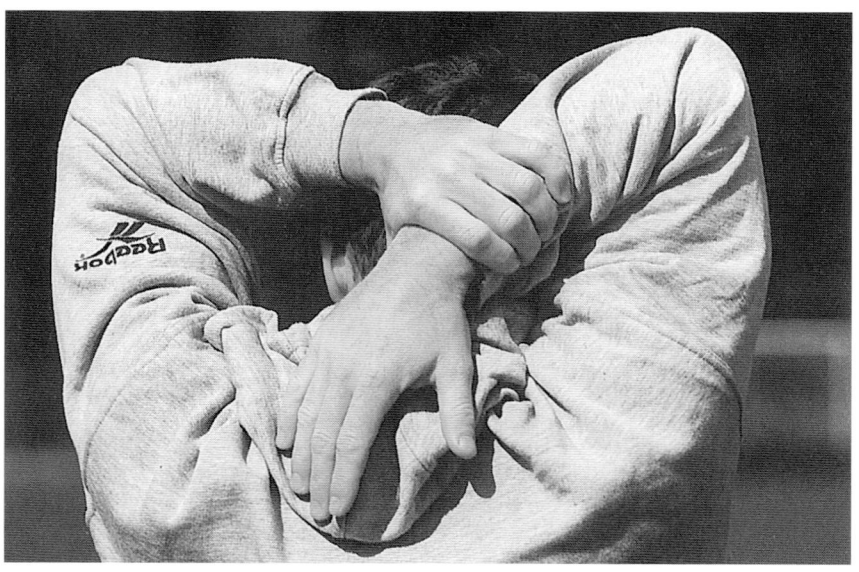

第1章　実践上のアドバイス

■首の筋、とくに僧帽筋のストレッチング
　頭を軽く横に倒し、手で押さえる。反対側の肩と腕は下方向に押すように伸ばし、首の筋が引っ張られるようにする。〈時間：約20秒間〉

■前腕伸筋のストレッチング
　①伸ばしたい方の腕の肘を伸展させ、手首を外に向けて曲げる。②反対の手でつかんで上に向けて曲げる。〈時間：約20秒間〉

■首の筋のストレッチング
　①頭を軽く横に倒し、片手で押さえる。②頭を少し回旋させ、その位置を手で保つ。〈時間：約20秒間〉

第2章 *Tapen* テーピング

　「テーピング」とは、ここでは、運動機構の障害、疾患、変性の予防と治療のためのケアの方法と考えます。これらは何年も前から実証され、多くの研究によって裏付けられているものです。生理学的な包帯テクニックで、機能解剖学に基づいています。基本的に、伸縮性および非伸縮性の粘着性のテープで行われます。上手にテープを巻くためのアドバイスは以下の通りです（とくに非伸縮性テープの場合）。

◆テーピングの5A
　テープは常にこの手順で巻きます。
① Abmessen　見当をつける
　テープを巻く部位の周径に合わせてロールから引き出します。テープのロールは軽く手に持ち、親指でロールを押さえつけてはいけません。
② Ansetzen　当てる
　テープを扱う際には、常に張力を保つようにします。適切なスタートポイントを選びます。例えば、足関節の外側を起こすステアアップには、足底（足の裏）から合わせます。身体の長さに正確に合わせるようにしましょう。
③ Abreissen　切る
　テープは巻いてから切るのではなく、つける前に切ります。
④ Anlegen　巻く
　テープを巻こうとする部位の周径に沿って巻きます。その場合、絶対に生理的に無理のない方向に巻くようにしなくてはなりません。
⑤ Anmodellieren　形を整える
　軽く押さえることで、テープの形を整えます。そうすることで皮膚またはその内側のテープに密着させ、確実に定着するようにします。

第2章　テーピング

1. 見当をつける

2. 当てる

3. 切　る

4. 巻　く

5. 形を整える

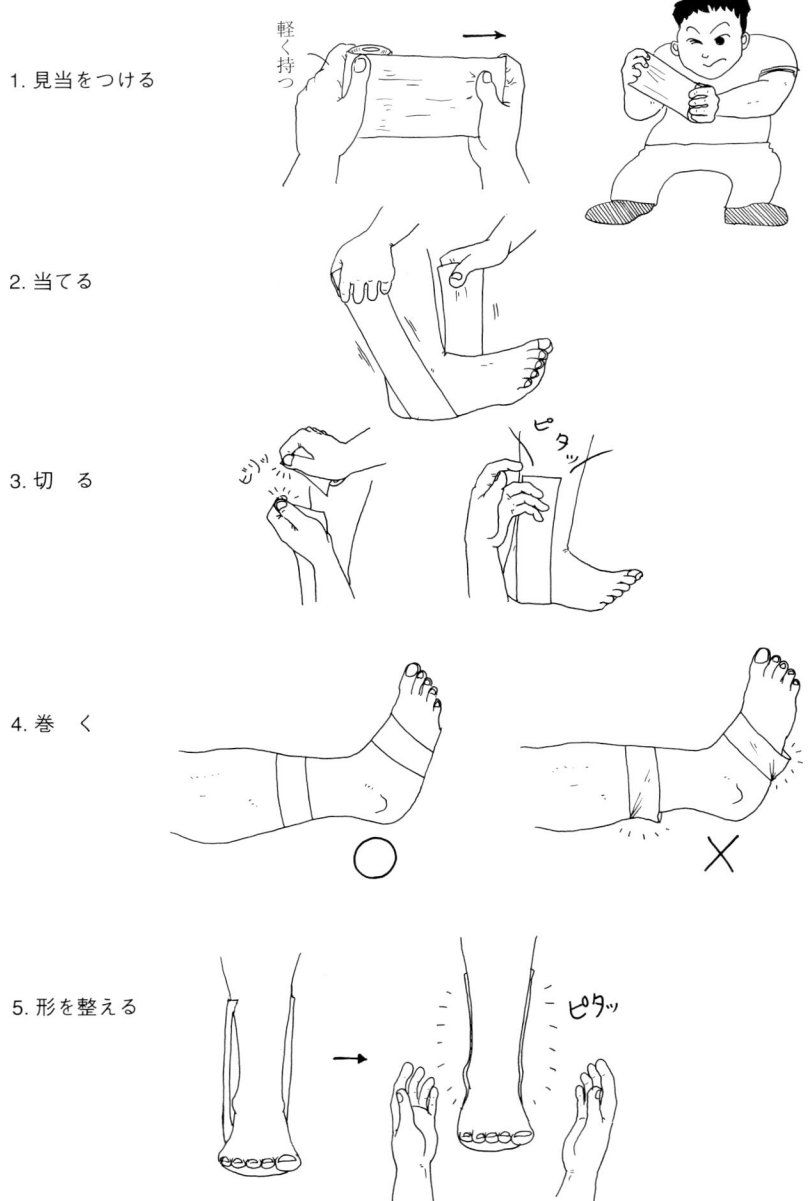

> **メモ** テープを皮膚にしっかり密着させるため、そしてまた後から楽にはがすためには、スプレーを使用したほうがよいでしょう（スティックスプレー、スティックアウト）。

◆以下の点に注意しましょう

◇テーピングは、その目的や部位に合った適切なものでなければ治癒の役には立ちません。

◇テーピングをするときには、ゆったりとした服装にします。また、足や脚にテーピングをするときには、ソールの平らなシューズを履くようにします。

◇テーピングの長所は、十分な可動性を確保できるという点です。痛みのない範囲で動かすことにより、治癒が促進されるのです。

◇腕や手にテーピングをするときには指輪はしないようにしましょう。腫れると取れなくなることがあり、また血行が阻害される危険があるからです。腫れが出た場合、軽い腫れであれば、患部を高挙することによってだいたいは引きます。

◇テープは濡らさないようにします。テープは濡れると締まったり、また粘着力を失ったりします。テープの上に軽く巻く伸縮性の包帯やサポーターを濡らしたり汚したりしないようにしましょう。

◇シャワーのときには、ビニール袋やビニールのラップで保護します。手の包帯には、使い捨ての手袋を使います。

> **重要** 以下の問題が発生したときには、すぐにテーピングを切り開いてはずさなくてはなりません。
> ● テーピングをする前より痛みが増したり、強い痛みが出たりしたとき。
> ● 強い腫れが出て高挙しても引かないとき（とくに手足の指）。
> ● 手足の指が白くなり戻らないとき。
> ● 感覚麻痺、ちくちく感、むずむず感があるとき。また、突然の運動制限が起ったとき。

> **メモ** 強いむずむず感は、皮膚に合っていないことのサインです。場合によっては、皮膚の保護をやり直すか追加すべきです。

> **アドバイス** 「Hot-Ice」圧迫包帯およびパックの手順、アドバイスについては、「補助手段」の項参照。

1 治療用テーピング

　治療用テーピングは、ある特定の時期にのみ行うようにします。障害が治癒したら、あるいは症状が改善された後には、できる限り取るようにすべきです。そうしないと、身体はそのサポートに順応してしまいます。それによって不適切な負荷が生み出され、長期的にみると、他の部分に別の問題が生じる可能性もあります。

　テーピングは例えば試合の時だけにし、トレーニングでは徐々にはずすようにしていくべきです。

◆再発予防のためのテーピング

　予防的なテーピングは、スポーツ活動の際に、不安定な関節やすでに何らかの障害がみられる関節にのみ行うべきです。ただし、バスケットボール、バレーボール、ハンドボール等負荷の高いスポーツ活動の場合には、予防的なテーピングが一般的となっています。

2 湿布包帯

　専門的には湿布包帯は以下のように巻きます。

　冷湿布、または薬をへらで患部に厚く広い面に塗ってその上から湿らせたガーゼを当て、それを部位に応じた幅（4〜10㎝）の弾性包帯または伸縮性のガーゼ包帯で巻きます。

　あるいは、脱脂綿やパッドを適当な大きさに切って霧吹きで湿らせ、その上に薬を載せへらでのばします。それを患部に載せて巻きます。

> **重要**　薬を乗せるパッドはあらかじめ必ず濡らしておくようにします。そうしないと湿布が体温ですぐに乾いてしまい、薬が効力を失ってしまいます。

第1部 総　　論

3 テーピングの手順

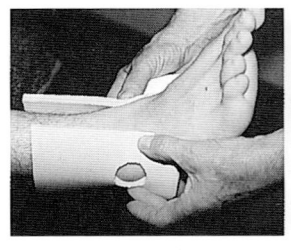

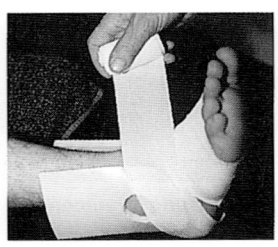

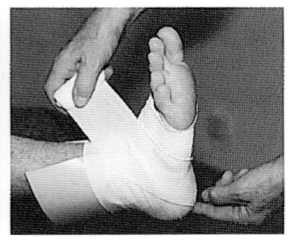

■テーピングパッドと弾性包帯を用いた足関節に対する圧迫包帯
　①パッド2片に氷水を含ませ、足関節の内果と外果に当てる。②7.5〜10cm幅の弾性包帯で関節に適度な圧迫が加わるように巻く。

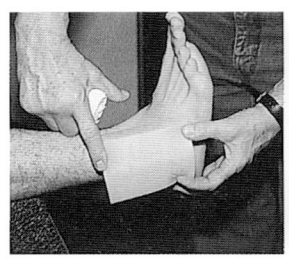

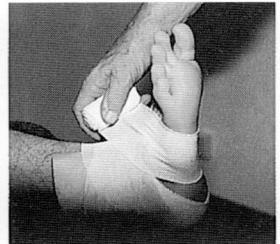

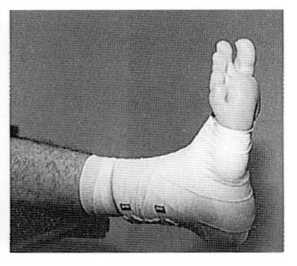

■スポンジと弾性包帯を用いた方法
　①氷水を含ませたスポンジを足関節の患部に当てる。②7.5〜10cm幅の弾性包帯で関節に適度な圧迫が加わるように巻く（下腿の中央あたりまで、広めに）。

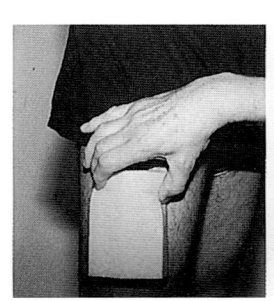

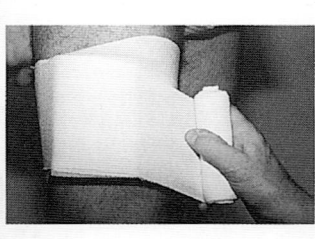

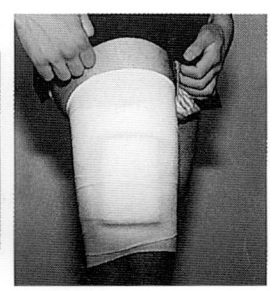

■大腿の肉離れあるいは打撲（チャーリーホース）に対する圧迫包帯
　①氷水を含ませたスポンジを患部に当てる。②10〜12cm幅の弾性包帯で、強めの圧迫を加えて固定する。

第2章 テーピング

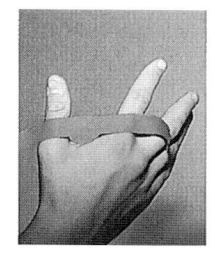

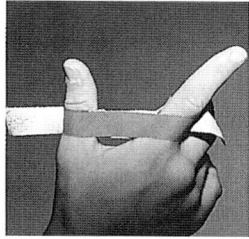

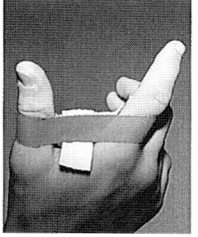

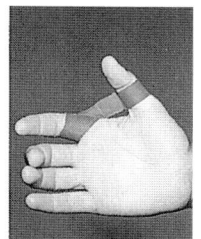

■親指の外傷（第1関節）の場合のテーピング（人差し指を利用して親指を固定）
①2cm幅のテープを親指と人差し指の根本に巻く。②間を横につなげて固定する。

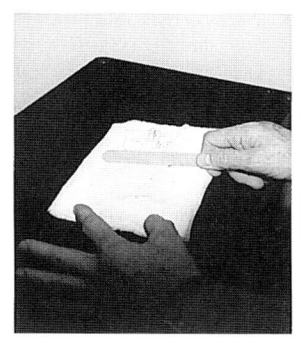

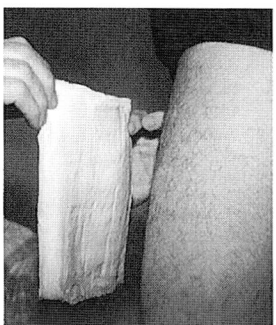

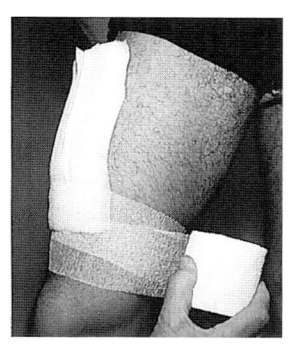

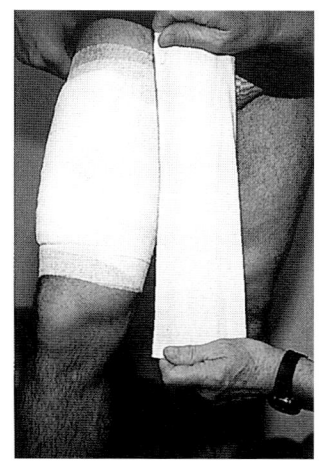

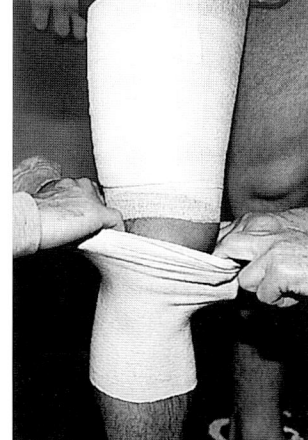

■大腿の肉離れまたは打撲の場合
①冷やした冷湿布または脱脂綿とガーゼの上に薬を載せた湿布を大腿に当てる。②弾性包帯で3～4層巻く。③さらにその上からサポーターをかぶせる。

29

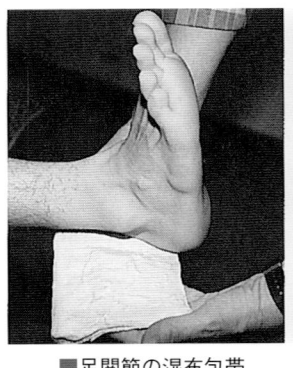

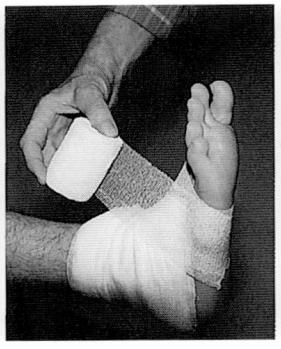

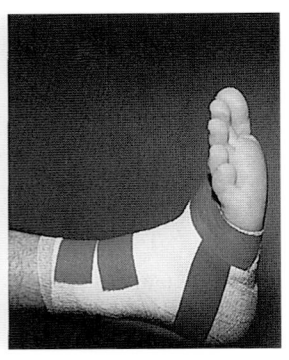

■足関節の湿布包帯
　①脱脂綿とガーゼの上に薬を載せた湿布を患部に載せる。②弾性ガーゼ包帯で適度な圧迫を加えて巻く。③最後にテープで2～3か所を固定する。

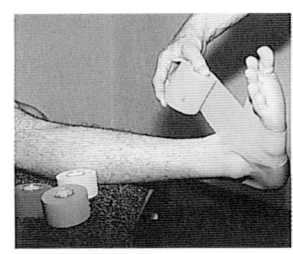

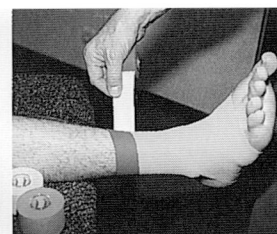

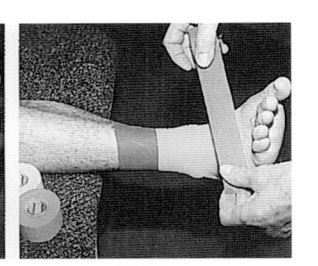

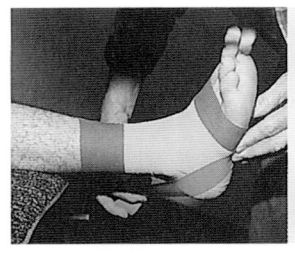

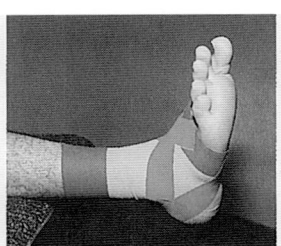

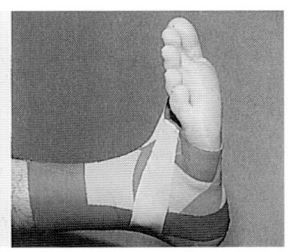

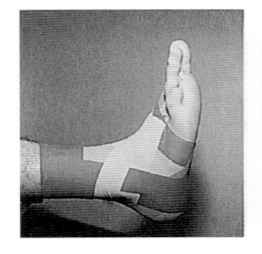

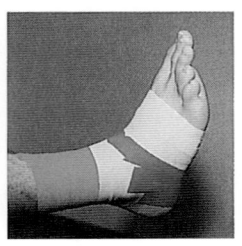

■足関節のテーピング
　①アンダーラップで、足から下腿の中央まで巻く。②3本のアンカー（上の端2本、下の端1本）で留め、縦方向と横方向を交互に3本ずつ巻く。③テープで片側あるいは両側を同様に上から覆う。

第2部
傷害各論

第1章 傷害の種類

1 骨　　折

　骨折をすると、スポーツ選手は、数週間にわたって休養を強いられることとなります。
　骨の弾性の限界を超えると骨折にいたります。骨折は変形をともなうことも多く、痛みが非常に強く、著しい機能障害を起します。それに対し、疲労骨折では、場合によっては患者が初めのうちは全く気づかないこともあります。あるいは打撲（だぼく）や炎症と勘違いすることもあります。

　骨折した骨に対しては、ケガが完全に治癒するまで負荷をかけることができません。
　骨折の疑いがある場合には、すぐに医師のもとへ連れていく必要があります。重傷の外傷が疑われる場合は、すぐに救急車を呼ぶようにします。

1-1 症　　状

　骨折は、多くは、「ぽきっ」という音あるいはきしむ音として認識されます。そしてその結果として、いちじるしい機能障害が起り、運動したり負荷をかけたりすることができなくなります。また、異常な可動性を示すこともあります。変形し、すぐに腫れてきた場合は、たいていは骨折を示唆します。通常、骨折では強い痛みと相当量の出血が起ります。
　手足の指の骨折、踝（くるぶし）、下腿の骨折でも、強い痛みが起ります。それに対して、肋骨の骨折では、あまり痛みが強くない場合もあります。

第1章　傷害の種類

いちじるしい出血、感覚麻痺、電気に打たれたようなショックがある場合は、大きな血管ないしは神経の損傷を示唆します。神経障害、吐き気、出血後のショック症状等は、重大な合併症状です。

「開放骨折」の場合、骨折とともに骨折部位の皮膚と組織が損傷します。場合によっては骨折面がむき出しとなることもあります。

1-2　原　　因

骨折は通常、転倒、衝突、打撃等の外力の作用が原因となって起ります。疲労骨折は持久的な高い負荷がかかり続けた後に、下腿等に、外力の作用がなくてもあらわれます。これは、たんなる骨膜の炎症と考えられてしまうこともあります。骨折があれば、レントゲン検査によって位置を確認できます。

稀に、骨折が自分の力の作用で起ることもあります。野球の投手の上腕骨折等がその例です。代謝障害や骨のカルシウム不足があると骨の強度が低下し、骨折が起りやすくなります。

1-3　初期治療

足、踝、脚の骨折の疑いがある場合は、変な意地を張って無理をするようなことはせずに、必ず補助や支えをして保護するようにします。ケガをした部位には、絶対に負荷をかけてはいけません。

負傷者を輸送するときには、補助者の側にも細心の注意が必要です。複数の人数で担架を使って搬送することが理想です。担架上では負傷者を固定するようにします。

意識がない場合、あるいは脊椎の損傷が疑われる場合、搬送は必ず専門家（救急隊員）に委ねるようにしましょう。脊椎の骨折の場合、脊髄や神経根の損傷を起す危険があります。

重　要　背部の重傷のケガの場合は、患者を動かさず、救急車を呼ぶこと。

意識不明の場合は、窒息の危険（嘔吐物あるいは舌根がのどに落ち込んで気道をふさぐ）を避けるために、患者を側臥位にさせ、上体と頭を安定させ、頭を横に倒すようにします。血液の循環が低下した場合（血圧低下）、脚を

33

第2部　傷害各論

高挙し、湿らせたタオルを額と首に当てるようにします。日陰に寝かせ、体温を逃がさないようにし（毛布や上着でくるむ）、新鮮な空気を入れます。決して目を離してはいけません。また、負傷者には、医師の診察を受けるまで、何も食べさせたり飲ませたりしてはいけません。鎮痛剤は決して使わないこと。これらは緊急手術が必要となった場合に妨げとなります。

　開放骨折の場合は、ケガ人が意識を失っていなければ、消毒薬での傷の手当を優先します。傷を滅菌ガーゼで覆い、包帯（ガーゼ包帯や弾性包帯）をゆるく巻きます。

　一般的に骨折の場合は、氷のうでの冷却はしません。骨折はできるだけそのままにしておくべきです。圧迫包帯を巻いてはいけません。患部はできるだけゆるく覆うようにします。腕や脚の輪郭に変形が認められたら、例えば脛骨の縁が段になっていたり足関節が変形していたりしたら、救急車に乗せるまで、または医師に診てもらうまで、基本的に圧迫包帯は巻かないようにします。
　ケガ人をできるだけ痛みのないように安定して寝かせ（寝台等との間に空間があくようなところは衣服などをつめてクッションにする）、しっかりと安定させて搬送します。何らかの手当をするとしてもシーネを添えるくらいにするべきです。
　手、足、腕、脚の骨折の場合は、シーネを使って負荷をかけず安静にしま

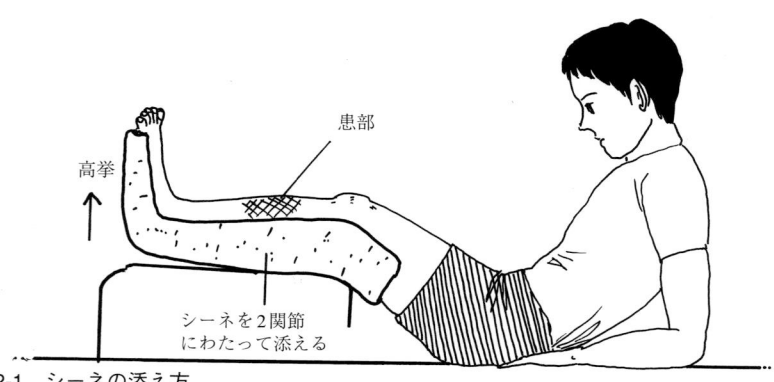

図2-1　シーネの添え方

す。やむを得ない場合は自作します（例えばスキーのストックを患部の両側につけ、骨折部位の端をゆるく巻く）。

骨折部位によっては、シーネを2関節にわたって添えるようにします（図2-1参照）。例えば前腕の骨折の場合に手関節と肘、下腿の骨折の場合に足関節と膝を固定するということです。可能であれば、骨折部位を高挙し、すぐに医師の診察を受けるようにします。

1-4 その後の治療

さらなる治療は担当医の判断に任せます。

1-5 予　　防

危険が予想される部位をプロテクター、グラブ、バンデージ、足関節のサポーター、レガース等で保護します。また、あらかじめ何らかの問題がある場合には、例えば指にテープを巻いておくというような方法をとります（ハンドボール、バスケットボール、砲丸投げ）。

精神的にフレッシュで、全身の状態、トレーニング状態をよくしておくよう心がけます。そうすることでコーディネーションと身体のコントロールがよりよくなり、ケガの危険は減ります。

2 腱鞘炎
（けんしょうえん）

腱鞘、すなわち腱を取り巻く滑走組織の炎症は、痛みの非常に強い障害です。専門的な治療を受けなかったり、治療が遅すぎたりすると、あるいはまた患部を十分に保護しないと、慢性に移行して非常に治りにくくなってしまいます。そうなると固定や長い休みが必要となる可能性があります。したがって、症状が現れたらなるべく早く医師の治療を受けることが必要です。

2-1 症　　状

患部にいちじるしい圧痛、強い運動痛があります。
足関節の場合、痛みはとくに朝の起床時に出て、たいていの場合は動き始

めると和らぎます。2〜3歩ですぐに軽快する場合もあります。

　急性の腱鞘炎の場合、動くと雪玉のようにギシギシいう音を感じることがあります。例えばアキレス腱では、手で触ると（親指と人差し指で腱をつかんで、足を上下に動かしたりすると）、非常に敏感に反応します。包帯や触診の圧迫で痛みが誘発されることもあります。

足関節の場合の原因：打撲や蹴られる等といった外力の作用、シューズの縁による圧迫、シューズがきつすぎることによる圧迫等、直接の外力の作用。腱鞘炎が原因となり、瘢痕や血腫が形成されます。圧迫によって腱の通り道が狭くなり、腱がこすれてその刺激によって炎症が起ります。不適切な負荷（例：回内足）も、この障害の原因となります。

手関節の場合の原因：たいていの場合、手関節の部分の偏ったオーバーロード、トレーニングや試合、あるいは抵抗に対する単調な動きの連続（例：ロウイング、筋力トレーニング）によって、腱鞘炎に至ります。同様に、慣れない困難なワークを頻繁に反復することによっても起ります。

2-2　初期治療

　痛みが出たら、痛む部分を徹底的に冷却します。「Hot-Ice」包帯で、消毒用アルコールを混ぜ、ガーゼあるいはタオルに含ませて、それを弾性包帯で圧迫を加えずにゆるく巻きます。絶対にシワやヒダになったり締め付けたりしないよう注意します。

　冷却効果がなくなったら、「Hot-Ice」を巻き直すか、上から湿らせます。冷却は8時間以上続けます。急性の段階では絶対に保護することが必要です。

2-3　固　　定

　急性のケースで、腱自体が損傷しているのかどうか確認できない場合には、取り外しのできるシーネか既製のバンデージで一定期間固定することをお勧めします。

　長期の固定は、患部に関わる筋が衰弱してしまうので、非常に不利となります。また、ギプスを閉じて巻いてしまうと、「Hot-Ice」等の治療ができなくなるという欠点があります。

第1章　傷害の種類

2-4　その後の治療

　急性の症状を緩和するためには、理学療法士からさらなる治療を受けることをお勧めします（超音波治療、レーザー治療、その他の温熱治療等）。
　急性症状が治まったら、関与する筋（腱と筋で一つの機能単位を形成）のケア、マッサージ、運動療法（ストレッチングと強化）を行います。
　後からは、ゴムチューブ、重量負荷、ダンベルを使用するとよいでしょう。手指の場合、セラピーゴムネットから始めてもよいでしょう。

> **重要**　腱鞘炎の原因となった負荷を繰り返すことは避けるべきです。適切な治療を徹底的に行えば、腱鞘炎は7〜10日で軽快します。慢性に移行してしまうと数か月かかるようになります。

2-5　予　防

　症状が軽快した後は、あまり早くあまり強い負荷でトレーニングを再開すべきではありません。適切に加減された筋力強化をすることで、症状が再発したり悪化したりする危険をいちじるしく低下させることができます。
　さらに、筋の規則的なケア、トレーニングや試合の前後に危険な部位のストレッチングとリラックスを行うことが賢明です。

　手や足首に圧迫包帯を巻くときには、腱鞘を締め付けてしまうとそれが外からの機械的な刺激となり、腱鞘炎に至る危険があるので注意を要します。
　足にアラインメントの不良や足関節の軸のずれがある場合には、インソールによる矯正が必要です。

3　滑液包炎
かつえきほうえん

　とくにサッカーやハンドボールのゴールキーパー、バレーボールやバスケットボールのプレーヤーは、転倒によって滑液包炎に悩まされることが多くあります。最もよく起るのは、肘、股関節、膝関節です。
　滑液包は皮膚と腱、ないしは腱と骨の間にあります。腱を保護する機能を持ち、同時に関節付近の構造への衝撃や圧迫を緩衝する役割もあります。衝

37

第2部　傷害各論

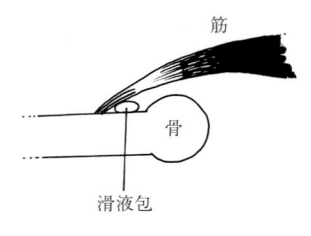

図2-2　滑液包の模式図

撃、打撲、圧迫によって腫れや炎症が出たら、すぐに医師の治療を受けるべきです。

滑液包炎は、治癒するまで保護が必要となります。このケガは圧迫には耐えられません。したがって、バンデージを巻くときには注意が必要です。滑液包炎は適切に保護し治療しないと、治癒するのに数週間も数か月もかかるようになってしまいます。治療をしても効果が見られない場合には、手術が必要となる場合もあります。危険を早めに認識して適切な処置をすれば、この障害はたいていの場合2～3日で治まるものです。発熱やいちじるしい腫れが出た場合には、すぐに医師の診察を受けるべきです。

3-1 症　　状

するどい圧痛、運動痛があります。たいていの場合、腫れ、発熱がはっきりと出ます。滑液包炎の場合に特徴的なのは、痛む部位の皮膚を触って動かすと、雪玉のようなきしみが感じられることです。急性のケースでは、大きな腫れ、発赤、発熱が見られます。

3-2 原　　因

滑液包炎は、蹴り、打撲等の外力の作用によって起ります。また、きつすぎる靴による持続的な圧迫や負荷刺激（シューズの縫い目やヒールカップでこすれる）、感染（例：皮膚の創傷の後）等も、直接あるいは間接的な原因となります。

3-3 初期治療

まず小さくても擦過傷がある場合は処置します。感染の危険があるためです。創傷のある部位（膝、肘はとくに危険）を消毒します。消毒用具が手元にない場合は、傷を水で洗浄します。汚れがひどい場合も、きれいな水道のみで洗浄するようにします。ただし水流を強くしてはいけません。また、絶対にスポンジ、布、タオル等でこすってはいけません。

次に傷をできるだけ滅菌したガーゼでカバーします。さらに、清潔なカバ

一類にアイスキューブ、アイスジャムを入れ（「補助手段」の項参照）、清潔なタオルでくるみ、広い面でケガをした部位に当てて形を合わせ、圧迫包帯を巻きます。十分なアイスキューブが手元にない場合は、「Hot-Ice」包帯を巻くか、患部をアイスパックで冷却するとよいでしょう。

> **注　意**　圧迫包帯は、上肢（腕）の場合は脚よりもいくらかゆるめに巻くようにします。指と手は鬱血の危険が大きいからです。したがって、圧迫の時間も、他の傷害の場合は20分を目安としていますが、上肢の場合は10分にとどめるべきです。ただし圧迫を数回反復することは可能です。

鬱血を防ぐためには、圧迫包帯を巻いた後に何かの上に置いて挙上しておくとよいでしょう。当該の肢（腕または脚）は下げておかずに、できるだけ高挙するようにします。

強い炎症が出たら、医師の診察を受けます。場合によっては穿刺が必要となります。滑液包内に血液の残滓が残ると、敏感に反応し、場合によってはあらたな炎症を引き起す原因となるからです。

3-4　その後の治療

皮膚が無傷であれば、夜間は冷湿布をします。

傷がある場合には、組織に刺激のない軟膏等の湿布を使用することをお勧めします。軟膏を湿らせたガーゼ等に載せて、湿らせた冷たい弾性包帯で巻きます。

基本的に滑液包炎の場合は全て、トレーニングの再開は、完全に治癒してからにすべきです。また、衣服、圧迫包帯、シューズによる圧迫は避けるべきです。温熱を使用することも炎症反応を活性化させる危険があるので避けるようにします。

3-5　予　　防

危険が予測される場合、トレーニングや試合には必ず圧迫包帯やサポーターを着用すること。ゴールキーパーは一般的に、少なくとも肘のサポーターを着用し、専門的なトレーニングはとくに地面が固くなる冬期には芝やマットのようなやわらかい面の上で行うようにします。

| TIP1 | プロばかりでなくアマチュアやレクリエーションのゴールキーパーも、トレーニングのときには（とくにハードコートで行う場合や冬季）、股関節や膝の部分が強化してある厚地のゴールキーパー用のウエアを着用すること。 |

| TIP2 | シューズの縫い目でこすれたり（例：足の親指の第1関節）あるいはヒールカップでこすれることによって炎症が出た場合には、シューズを適切な大きさに広げることをお勧めします。こすれる部分に皮革を柔らかくするスプレーをして、夜間、シューズ型にはめっぱなしにして伸ばします。さらに、ビンのふたのようなものをシューズ型にテープでつけておいてから型にはめ、そこの部位の皮革がさらに伸びるようにする方法もあります。 |

4 裂傷

　裂傷を起すと出血がかなり多いため、裂傷は実際よりも重大なケガだと思い込まれることが多いようです。しかし、専門的に適切な処置をしっかりと行えば、このケガはたいていの場合非常に早く、合併症を起さずに完治します。一般的に、傷が1cmを超える場合は医師の処置を受けるべきです。小さな傷の場合は、自分で処置をすることも可能です。

| アドバイス | 頭部の裂傷のケアに関しては、「頭部の傷害」の章を参照のこと。 |

4-1 症　状

たいていの場合、出血は多いもののすぐに止まります。

4-2 原　因

衝突、転倒、打撲等、外力の作用によって起ります。

4-3 初期治療

　まず周囲の皮膚を清潔な湿らせたスポンジできれいにし、傷を消毒薬で消毒します（ヨードやアルコールは使わないこと）。2～3分後、傷の部位を滅菌ガーゼでやさしくたたいてぬぐい、続いて止血のために滅菌ガーゼ等を傷に当てます。
　これらの用具が手元にない場合、傷が汚れていたら、流水で軽く洗浄し、

第1章　傷害の種類

できるだけすぐに消毒するようにします。シャワーを強い水圧で使ってはいけません。そうすると汚れが傷の奥深くに入り込んでしまう可能性があるからです。きれいにした傷の周辺を軽くたたいてぬぐって乾かし、滅菌ガーゼでカバーし、ガーゼ等の伸縮性の包帯で留めます。普通の脱脂綿は使わないようにします。綿の繊維が傷にくっついて感染の原因となる可能性があるからです。

傷の口がぱっくり開いている場合は、滅菌テープで寄せ合わせ、寄せた傷を滅菌ガーゼで覆い、ガーゼ包帯等の伸縮包帯で適度な張力で広い面を覆うようにします。

> **重要**　傷が1cmより大きい場合は、医師の診察を受け、その後の処置の判断を仰ぐようにします（例：縫合等）。処置が不十分だと、傷が盛り上がってきたり、傷跡が残ったりします。破傷風の予防接種を受けているかどうかも確認すべきです。

4-4　その後の治療

医師のところで毎日包帯を取り替えます。スポーツ活動の再開に関しては、医師が判断します。時期は傷の大きさと治癒の経過によります。

4-5　予　防

あらかじめ危険が予想される部位は保護します——例：レガース（サッカー）、グラブ（スキー、スケートボード、マウンテンバイク）。

5　擦過傷

皮膚の創傷はスポーツ傷害の中でも非常に多く一般的な傷害です。とりわけ擦過傷は、ささいなこととらえられ軽視されがちですが、皮膚の擦過傷には、常に感染の危険があるので注意を要します。

感染を避けるためには、入念な処置が必要となります。さもないと患部に炎症が出て、場合によっては高熱が出ることもあります。近くのリンパ節が

腫れ、痛みの原因となります。

5-1 症　　状

擦過傷ではやけつくような痛みがあります。たいていの場合、目立った出血はあまりありません。

5-2 原　　因

皮膚の擦過傷は、固い地面（体育館、ハードコート）、合成素材やタータン、凍結した地面での転倒によって起ります。

5-3 初期治療

傷をすぐに消毒薬で消毒し、炎症を防ぐようにします。泥、土、砂で汚れている場合には、まず傷ついていない部分の皮膚をしめったスポンジできれいにし、次に傷自体に消毒薬をかけるか、水道水を流して洗って、傷から汚れが流れ出すようにし、その後消毒します。

汚れが傷にこびりついている場合、スポンジや布でこすりとろうとしてはいけません。またシャワーの強い水流で流そうとしてはいけません。そのような方法では、汚れが傷の奥深くに入り込んでしまう可能性があります。可能な限り水道水で洗って消毒します。その後医師の処置を受けます。

5-4 その後の治療

十分に消毒をした後、化膿止めの軟膏を塗ってガーゼで覆い、伸縮性のガーゼ包帯を巻きます。

TIP	傷が乾き始めたら、清潔を保ちながら、家ではできるだけ包帯等をとり、早く乾くようにします。傷に繊維が触れていると、繊維によって機械的な刺激が起り、かさぶたの形成が妨げられ、治癒までによけいな日数がかかってしまうので、注意を要します。
重要	破傷風の予防接種を受けているかどうかを確認し、疑わしい場合は改めて受けるようにします。炎症が出なければ、患部を適切に処置したらすぐにスポーツ活動を再開することができます。患部に発赤や腫れが出たら、またとくに発熱して鼠径（そけい）や腋下（えきか）のリンパ節が大きく硬くなったら、さらに治療を受ける必要があります。スポーツ活動の再開は、様子を見てからするようにします。

第1章　傷害の種類

5-5　予　　防

　皮膚の擦過傷を予防するためには、とくに冬季は、長いストッキングやウエアで保護します。サッカーではいわゆるスライディングパンツをはくことで、とくに大腿の擦過傷の予防となります。ハードコートに限らず、砂が混じったような芝でも転倒すると皮膚に擦過傷が起ります。GKは屋外でも屋内でも、できるだけ常に膝関節と肘にパッドが入ったGK専用のユニフォームとグラブを着用すべきです。

スライディングパンツ

図2-3　スライディングパンツ

TIP　危険が予想される部位には、ワセリンやオイルを塗っておくとよいでしょう。

第2章 *Kopf* 頭部の傷害

1 裂傷／鼻血

　頭部の裂傷は、出血量が多いため、しばしば実際よりも非常に劇的な重大なものと見られがちです。頭部の皮膚は血流が非常に豊富なので、出血が非常に多くなるのです。

　1cm以上の長さの裂傷の場合は、縫合をどうするかの判断を受けるため、できるだけ早く医師の診察を受けるべきです。患者の意識がもうろうとしている場合は、脳しんとうや頭蓋内出血の危険があります。

1-1 症　　状

　眉、鼻、顎、または頭皮から大量の出血があります。

1-2 原　　因

　頭部の外傷は、ほとんどの場合、打撲、突き等の外力の作用によって起り、直ちに専門的な治療が必要となります。

1-3 初期治療（裂傷）

　小さな裂傷の場合は、ケガをした部位を無色の消毒薬でそっとたたいてぬぐい取ります。周囲の皮膚を滅菌ガーゼで軽くたたいてきれいにします。小さい滅菌ガーゼを傷の上に載せ、滅菌した絆創膏等で軽く圧迫して固定します。出血が落ち着いたら、本人がめまいを感じていなければ、たいていの場合スポーツ活動を続行することができます。

> **注意** シャワーのときにも、患部を濡らしたり洗ったりしないようにします。その後傷を再び消毒し、新しいガーゼを新しい滅菌プラスターで圧迫して固定します。

　大きな裂傷の場合は、傷が1cmよりも大きい場合は、医師による縫合あるいはクリップやテープでの固定とケアが必要となります。
　医師の治療を受けるまで、損傷した皮膚を消毒し、滅菌ガーゼでカバーし、絆創膏等で圧迫して固定しておきます。最終的に湿らせたスポンジで周囲の部位をきれいにして、傷の大きさを確認します。

　出血が落ち着いたら、滅菌ガーゼで覆い、包帯で巻いて裂傷をコントロールします。できるだけ早く医師の診察を受けに行くようにします。

> **重要** 破傷風の予防接種を確認すること。

1-4　予　防

　予想される危険な部位には、あらかじめワセリン等を塗っておくようにします。ボクサーに限らず、その他の格闘技スポーツの選手も、眉の上にいくらかワセリン等を塗っておきます。

1-5　初期治療（鼻血）

　負傷者を側臥位(そくがい)にさせ、濡らした冷たいスポンジを首に当てます。スポンジで顔をきれいにします。次に血が出ている方の鼻孔(びこう)に綿かガーゼを詰めて止血します。
　通常、スポーツ活動を続行することができます。出血が止まらない場合には、医師の診察を受けるようにします。

2　脳しんとう

　スポーツで何らかの事故があったとき、脳しんとうの疑いが少しでもあれば、スポーツ活動をすぐに中断し、医師の診察を受けるべきです。脳しんとうの場合、軽率なことはできません。これは深刻に捉えるべき傷害です。

2-1 症　状

◆記憶の欠落

　負傷者は通常、事故の経過を正確に説明することができません。事故の経過についての正確な記憶がありません。負傷者はしばらくの間ぼうっとしています。意識の混濁が落ち着いても、場所と時間については大まかにはわかりますが、事故の状況については思い出せず、覚えていないことが多いものです。脳しんとうの場合、事故の経過は記憶にありません。

　「何が起こったのか？」この質問に具体的に答えることができなかったら、そこから脳しんとうがあったことがわかります。記憶の欠落は、事故の前の場合も後の場合もあります（退行性／前向健忘症）。例えば負傷者は、事故のことは覚えていますが、その後のことは記憶にないといったケースです。

◆平衡感覚障害、めまい

　青ざめ、ふらふらします。平衡感覚に問題が出て、補助がないとほとんど立っていられない状態になります。
　さらに、悪心(おしん)、吐き気、頭痛、その他の不調が現れます。

◆血　圧

　脳しんとうの場合は、心拍と血圧が下がります。

> **注意**　口、鼻、耳から出血や無色の液体（分泌液）の流出があったら、頭蓋底骨折(とうがい)の疑いがあります。場合によっては、脳出血で深刻な結果に至ることもあります。このような傷害が少しでも疑われたら、CTを撮るべきです。
> 大至急病院に搬送して診察と処置を受けさせなくてはなりません。救急車を呼びます。

2-2 原　因

　衝突、転倒、打撲等、外力の作用によって起ります。

2-3 初期治療

　まず補助者は冷静に、あわてないようにすることが必要です。負傷者をまず落ち着かせます。次に、傷の処置をして、事故の状況について尋ねます。

脳挫傷あるいは脳出血があるかどうか、瞳孔テストで確認します。以下に挙げるものは、瞳孔の収縮が見られるかどうか、左右差は見られるかどうかのテストです。この診断は医師が行います。
◇人差し指テスト……人差し指をケガ人の目の前でゆっくりと左右に動かし、瞳でその動きを追うことができるかどうかを見ます。
◇ライトテスト……ライトで照らしてみて（小さな懐中電灯でよい）、瞳孔が左右同じように収縮するかどうかをみます。
◇その他のテスト……患者の目に手をかざし光を遮ります。暗くすると瞳孔は広がり、手をどけると小さくなるはずです。

脳しんとう、脳挫傷、脳出血、あるいはそれらが少しでも疑われる場合、すぐに医師の診察を受けなくてはなりません。負傷者には絶対にプレーを続行させてはいけませんし、それ以上やろうなどと思わせてはいけません。間違った励ましをしたり厳しい態度をとることは、誤りです。長く続く障害を招くかもしれませんし、生命を危険にさらすことになるかもしれません。

病院に搬送するまでは、上体を少し高くして寝かせ、温かくしておきます。目を離してはいけません。ふつうに呼吸しているかどうかに注意します。不安感から硬直したり過呼吸になったりすることもあります。このような場合は患者を落ち着かせ、ゆっくり呼吸するよう言い聞かせます。

吐き気がある場合には、横向きに寝かせます（あお向けでは嘔吐物が気道に詰まって窒息する危険があるため）。

注意 事故から1～2日後に血液がたまってくることによって症状が悪化する場合があります（硬膜下血腫）。

意識不明のときは、安静を保つようにします。ケガ人の額と首に湿らせた冷たいタオルを当てます。両脚を高挙し、バイタルサインを頻繁にチェックします。

重要 所見が改善しても、医師が状態を確認するまでは、食べ物、飲み物、薬を与えてはいけません。

2-4 その後の治療

その後の治療は医師の手に委ねます。スポーツ活動の再開時期の判断も医師がします。

脳しんとうの場合は、基本的に2～3週間休むようにします。本人には辛抱するよう言って聞かせるようにしましょう。さもないと長く障害に悩まされるようになりかねません。

2-5 予　防

全般的にコンディションの状態をよくしておくよう心がけます。危険な種目には、悪い体調で臨んではいけません。

「危険種目」——例えばアメリカンフットボール、モータースポーツ、アイスホッケー、ボブスレー、リュージュ等では、保護のためのヘルメットの着用が義務となっています。その他、自転車やスキーでも着用することが望まれます。

第3章 筋の傷害
Muskulatur

1 筋全般

　トレーニングをとくにしていない一般の人の筋の割合は身体全体の約43.5％に相当しますが、スポーツ選手の場合はそれよりもはるかに高い割合になります。しかし一人一人の筋の数に変わりはありません。トレーニングによって筋線維や筋線維束の数が増えるわけではなく（心臓以外）、肥大するのみです。私たちを動かす動力となるのは何十億もの筋線維です。

　筋は、活動やスタートのための準備が整っていれば、すばらしいパフォーマンスを発揮することができます。しかし、動き出すのに適切な温度まで上がっていないと十分に回転することができず、外傷や障害を起す危険性が高くなります。

　以下に最も起りやすい筋の問題を紹介し、その治療法について説明していきます。

2 筋の張り

　「筋肉が言うことをきかなくなった！」これで本能的にやめた方がよいと悟って、予定より早く試合やトレーニングを終えることがあります。例えば大腿後面の筋（筋が最も張りやすい部位）に慣れない緊張感を感じ、それが次第に増してきて、筋は徐々に伸張性を失っていきます。筋が短縮してほとんどロープのような状態になってしまうのです。それでも無理にスポーツ活

動を続行すると、伸張性の限度を超えたところで筋線維断裂にいたる場合があります。

2-1 症　状

　筋が張ると、高い緊張感があらわれます。通常の場合、鋭い痛みはありません。しかし負荷が増すと強い痛みが出ます。スポーツ選手は、筋肉がもはや機能を果たさなくなったと感じます。不安になり、次のスプリントあるいはスパートをしたら何かが切れてしまうかもしれないと感じます。このように悪い予感を感じたら、その日はコーチや仲間にそれ以上無駄なやる気を見せるべきではありません。トレーニングを調整し、筋の張りをゆるめる治療を受けるべきです。筋の張りのような障害は、本人にしかわからないのです。

　筋の張りは睡眠中に起ることもあります。睡眠についたときには何の問題もなかったのが、大腿の筋が完全に固くなった状態で目覚めることがあります。この現象は、たいていは、いつもと違う状態で睡眠をとったときに経験します。例えば車、電車、飛行機等で睡眠をとった場合です。あるいはホテルに滞在するなど、いつもと違った慣れない寝台で睡眠した場合にも起ります。

2-2 原　因

　夜間に「不自然な」寝方をしていると、腰椎から神経根の刺激が起ります。それが例えば大腿の筋を支配する神経等、運動神経に関わる場合、筋緊張が高まります。たいていの場合、神経線維への不自然な圧迫が原因となっています。

　同様に、腰部への過剰・不適切な負荷、骨盤の傾き、椎間板や関節の障害ないしは機能障害も原因となります。それに隣接した関節に起ることもありますが、隣接していない場合もあります。あるいはまた慣れない新しいシューズ、クッションの違うソール、不適切なインソールも、筋の張りの原因となる場合があります。

2-3 初期治療

　トレーニング強度を下げます。筋の緊張状態が高い場合は、スポーツ活動を完全に休止します。患部をストレッチングで約60秒間ゆっくり静かに伸ば

します。次に腰部の体操を行います（「ウォーミングアップ／ストレッチング」の項参照）。ストレッチングの際には、痛みの出る限度を超えないようにします。

　緊張がゆるみ、スポーツ活動を再開したいと思ったら、その前に必ず十分なウォーミングアップを行うべきです。とくに負荷のかかる筋を、それぞれ7秒ずつ伸ばし、これを筋群ごとに3回繰り返します。

2-4 その後の治療

　できるだけ温浴をします。その後に筋を再度伸ばして、腰部の体操で全身の筋をゆるめます。さらにトレーナーにマッサージを受けます。
　または、患部に湿熱の温熱治療をします（ホットパック等）。湿布か包帯用脱脂綿を適当な形に切って軽く湿らせて患部に広めに載せます。これをビニールで覆い、タオル地の布を巻きます。湿熱治療によって熱が軽くこもり、それによって血行が促進されます。たいていの場合は、それで夜の間に筋硬化はゆるみます。

3 筋の打撲（だぼく）（チャーリーホース）

3-1 症　状

　サッカー選手でこれを経験したことのない人はほとんどいないでしょう。これは、大腿の筋の筋挫傷で、非常に痛みの強いものです。
　打撲はおもに、相手による蹴りや突き、あるいは何か別のもの（例：スキーやストック）が強く当たることによる外力の作用によって起ります。痛みは広い面に起り、はじめのうちは非常に強いものです。打撲から強い緊張が起り、痛みによる運動制限が起ります。筋内では組織の挫傷が起り、細かい血管が損傷します。筋内に血腫ができます。外的な創傷（そうしょう）（例：擦過創（さっかそう））あるいは皮下出血は見えないことも比較的多くあります。

　打撲をしても、必ずしもプレーや試合をすぐに中断しなくてはいけないと

いうことはありません。続けられるかどうかは、本人が痛みによって自分で判断します。しかしその日は無理してまでやる気を示すべきではありません。痛みが強すぎたらやめるべきです。その先は全て、打撲をどれほど速やかに治療するかによって決まります。筋内の出血が少ないほど、その影響も小さくてすみます。組織の挫傷、大きな出血が認められたら、絶対に中止して、できるだけ早く圧迫包帯を巻くべきです。数時間たっても痛みが引かない場合は、医師の診察を受けるようにします。

> **注意** 大きな血管の損傷が疑われたら（圧迫包帯をしても痛みが増す、皮膚が青ざめ脈拍が低下し触れにくくなる）、すぐに病院で医師の手当（場合によっては手術）を受けるべきです（次のコンパートメント症候群の項参照）。

3-2 初期治療

まず約20分間「Hot-Ice」（氷水）で冷却し圧迫包帯を巻きます──スポンジかフォームラバーを氷水に浸して、同様に氷水を含ませたできるだけ滑らない素材の伸縮性の包帯（7.5cm幅）で、患部の周りの広い範囲を軽めに圧迫しながら覆います（P.28の圧迫包帯の巻き方を参照のこと）。

その際包帯は思い切って多めに使うようにします。圧迫包帯が短すぎると静脈がしめ付けられ、その下の部分がさらに圧迫され、その部位全体が鬱血してしまいます。例えば大腿では、膝のすぐ上から鼠径部までの広い範囲に包帯を巻くようにすべきです。

圧迫包帯によって損傷した血管が圧縮され、出血した血液は別の部位へ送られます。冷却によって血管がせばまり、その結果患部への血流が減ります。

重傷の場合は、すぐに手を打つこと──冷却と圧迫──が重要です。

治療した脚を徹底して高挙するよう心がけます。出血が多い場合は、最低24時間、身体を寝かせて、患側の脚を45°の角度で挙げておきます。その際膝関節は軽く曲げておきます。この高挙により、一方では静脈血の返りを促進し、血腫が除去されやすいようにします。もう一方で、患部へ血液が流れ込むのを抑えます。

3-3 その後の治療

圧迫包帯は、長くとも20〜30分後には絶対にゆるめ、患部の皮膚を観察

第3章　筋の傷害

し、包帯をとった後が白いままかどうか確認します。2～4分後に患部が前と同じように赤く内出血してきたら、少し間をおいてもう一回圧迫包帯をします。これをその日は3～4回繰り返し、次に冷湿布をします。

　開放創（切り傷、擦り傷等）がある場合には、皮膚への刺激の少ない湿布薬を使います。

> **禁　忌**　皮膚への直接のアイススプレー。温熱、アルコール（血管を拡張し、患部の血流を助長する）およびマッサージ。

　治療としては理学療法士によるリンパドレナージと電気治療が理想的です。

　患側と健側を比較します。患部を両手で交互に圧迫しながら触診し、筋内で液体が動くのが感じられたら（血腫、水腫）、すぐに医師の診察を受けるべきです。

◆2日目以降の治療

　血腫を速やかに除去するために、8時間ごとに湿布をすることをお勧めします。アルコールを使って湿布する方法もあります。治りにくい場合は、プールでアクアジョギング（水治療）を行います（約20分間）。

　脚の筋挫傷の場合は、しっかりとバンデージを巻いて、約20分間水中で動かすようにします（腰までの深さで、あるいはスイムベストを着て）。

　よく湿らせた弾性包帯を巻いた上で、アイソメトリックの筋緊張を行います。軽く屈曲して高挙した脚を、緊張させ（7秒間）、脱力します（10秒間）。これを10回行ったら2分間の休憩をとって、合計20分程度行います。

　その他としては、筋に負荷をかけずに、バンデージを巻いて、自転車エルゴメータでトレーニングをすることが勧められます。

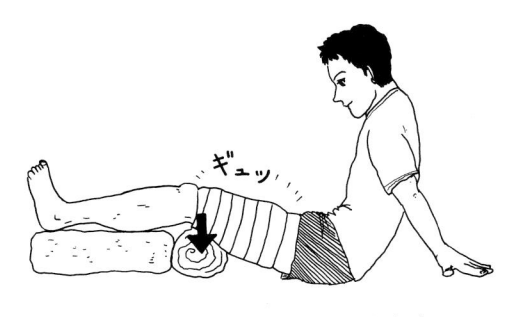

図2-4　アイソメトリックにエクササイズ

◆トレーニングの再開

通常2日目には再びランニングトレーニングを開始できます。ただし患側には圧迫包帯を巻いておくべきです。

3-4 予 防

サッカーやホッケーのプレーヤーは、レガースを着用すべきです。さらに、ゲーム前に大腿にマッサージオイルまたはワセリン等を塗り込み、相手からタックルを受けてもそれが滑るようにするという方法もあります。

> **アドバイス** 小さいクラブでも、ゲーム中ベンチから手が届く範囲に、弾性包帯と、氷水にスポンジをつけたものを用意しておくべきです。

4 外傷性コンパートメント症候群

このケガは最初、重い打撲のように見えます。しかし、先ほどの打撲の項で挙げた初期治療をしたにもかかわらずいちじるしい血腫ができて非常に強い痛みが生じた場合には、十分な注意を要します。

重大な外傷性コンパートメント症候群に発展する可能性があります。この外傷は稀ではありますが、非常に危険なスポーツ傷害です。外力の作用によって、筋の一つのコンパートメント内に大量の出血が起るものです（起りやすい部位は下腿です）。

筋はそれぞれ頑丈なピンと張った結合組織のカバーに覆われてサポートされています。このカバーの膜は非常に丈夫で伸びないため、出血が止まらないと、このコンパートメント内の圧が次第に上昇します。

その結果、強烈な痛みが出てきます。最終的に筋への血液の供給が止まり、圧迫感は耐え難いものとなり、数時間後には、筋線維やその筋を支配する神経線維が圧迫のために損傷してしまいます。

筋組織が壊死（えし）する危険があり、これはスポーツ選手の選手生命にもかかわります。このような場合にはすぐに医師の診察が必要です。可能であれば、患部のコンパートメントの筋内圧を測定します。場合によっては手術によって筋内圧を下げることが必要となります。

第3章　筋の傷害

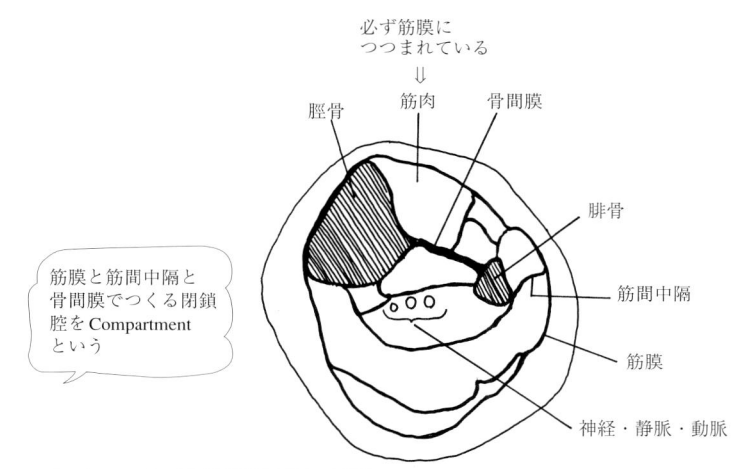

必ず筋膜に
つつまれている
⇩

脛骨　筋肉　骨間膜

腓骨

筋間中隔

筋膜と筋間中隔と骨間膜でつくる閉鎖腔をCompartmentという

筋膜

神経・静脈・動脈

図2-5　コンパートメント（下腿横断面図−右脚）

4-1 症　状

患部に強烈な痛みが出て、それが増してきます。場合によっては、周辺がちくちくしたり、しびれた感じになります。

4-2 初期治療

緊張し内圧の高まった筋には、絶対に負荷をかけてはいけません。身体の中心よりも高く挙げ、まず20分間「Hot-Ice」（「補助手段」の項参照）で圧迫包帯をします。

圧迫包帯をして痛みが増す場合は、ゆるめなくてはなりません。

2回目の圧迫包帯は、圧迫をかなり弱めることをお勧めします。それでも痛みが増す場合は、圧迫はやめ、すぐに医師の診察を受けるべきです。

4-3 その後の治療

腫れを除去する手段をとります。リンパドレナージ、電気治療、脚の高挙による患部の負荷の軽減等、あるいは、「Hot-Ice」、冷湿布等の処理をほどこします。

5 機能性コンパートメント症候群

　筋に極度な負荷がかかった後（例：慣れない固い地面、悪いトレーニング状態での長距離持久走、フリークライミング）、筋の乳酸過剰が原因となって、筋の硬化が起ることがあります。

　筋の硬化に伴う通常の症状の他に、激しい痛みが出て、筋緊張がさらに高まる場合は、機能性コンパートメント症候群の危険があります。これは非常に稀ではありますが、外傷性コンパートメント症候群と同様、注意を要する障害です。
　すぐに医師の治療を受けることが必要です。疑わしい場合には、患部の筋の内圧測定を行います。超音波やMRIも診断に適しています。

5-1 症　　状

　少し負荷がかかっただけで引きつるような刺すような痛み、突っ張り、筋のいちじるしい緊張があります。動かさなければ痛みは治まりますが、動かすと増します。

5-2 原　　因

　全身のトータルなオーバーロードによります。身体の警告（例：筋の過労、硬直、けいれん）を無視するとその結果、おもに下腿の筋に起ります。長時間続く身体活動、あるいは極度の身体活動によって、筋に乳酸がたまって、緊張が高まり、筋が短縮して周径が増します。

　その結果、筋の内圧が上がって筋膜が狭まり、血行が阻害されます。細かい血管に血液が供給されなくなり、また排出されなくなります。筋が急激に萎縮し、血行不良による痛みが生じます。
　筋はまだ少しは活動できますが、ときどき鋭い痛みが出るので、高い負荷はかけられなくなります。まだ歩けることもありますが、走ることはできなくなります。

第3章　筋の傷害

5-3　初期治療

患側の脚を、身体の中心よりも高く挙げます。「Hot-Ice」を巻きます（「補助手段」の項参照）が、圧迫はしません。リンパドレナージと慎重なストレッチングで、固くなった筋をゆるめます。患部を末梢から中枢方向へ軽擦します（脚を両手で包み込むようにして、約7分間軽く心臓の方向に向けてさすります）。後から電気治療を行います。

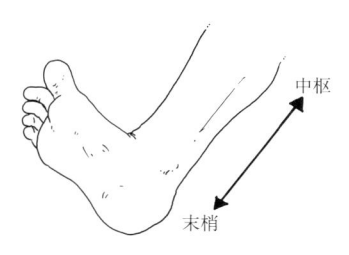

図2-6　末梢と中枢

6　筋の機能障害

　スポーツ選手ならほとんど誰でもこの感覚を経験したことがあるでしょう。素早いステップや速い動きで、大腿あるいは下腿に、突然突っ張り感や緊張感、引きつるような痛みを感じることがあります。最近では、ウォーミングアップの方法が改善されてきて（「ウォーミングアップ／ストレッチング」の項参照）、あらゆる種目でトレーニングや試合の前にストレッチングを行うようになったため、筋の傷害の件数は幸いなことに明らかな減少傾向を示しています。

　しかしながら、それでも筋の傷害は依然として、最も多い傷害の一つです。激しい痛みはないとしても、筋の機能が損なわれたら、そこにそれ以上負荷をかけ続けてはいけません。さもないと、より重傷の肉離れを引き起こすこととなってしまいます。

　私たちは長年の観察と経験から、筋の機能障害と肉離れは、基本的に異なる別の傷害であると認識して区別しています。筋の機能障害の場合は、筋の機能上の障害であって、筋機能調節機構の失調です。肉離れとは異なり、組織の損傷はありません。

　ただし筋の機能障害の場合、この傷害を無視すると、肉離れや筋断裂に至ることがあります。きちんと適切な処置をすれば、スポーツ選手は受傷から3～4日で再び完全に負荷をかけられるようになります。

57

6-1 症　　状

　筋の機能障害は、肉離れと異なり、急性で気づくことはあまりなく、そのまま進行することが多いようです。まず一つの筋に不快感の増強を感じます。しかしポイントは特定できません。その後、突っ張り感が起り、緊張感が増してきて、最終的には引きつるような突っ張る痛みとなります。

　たいていの場合、選手はとっさにその場で中断せず、まずそのまま続行しようとします。しかし筋の痛みと不安感が増してきます。何かが切れたのかもしれないというおそれから、それ以上ダッシュができなくなります。
　筋の機能障害を起した選手は、まずだいたい同じように反応します。脚を振って、筋の緊張をゆるめようとするのです。しかしそれではゆるめることはできませんし、緊張や痛みを取り除くこともできません。傷めた筋にさらに負荷をかければかけるほど、機能障害の問題ははっきりしてきます。

6-2 原　　因

　ほとんどの場合、トレーニングあるいは試合に対する準備が不十分であったり、不適切であったりすることが原因となって起ります。筋を温めた後、少しウォーミングアップとストレッチングを行うようにします。その際に、その種目で負荷のかかる筋を全て伸ばすようにしなくてはなりません。

　暖かい気候のときの方が、肉離れの危険性はかえって高いようです。というのは、高温のときにはすぐに汗をかくので、それによって筋が最適に機能するのに重要な水分とミネラルがより多く失われてしまうためです。

　筋の機能障害の発生の原因は他にもいろいろ考えられます。全身の状態が悪いこともそうですし、足のアライメントの不良等、体型の問題も原因となります。体内の炎症（扁桃腺の化膿、副鼻腔炎、歯根の炎症、流行性感冒による体力低下、尿酸値の過度の上昇）も原因となる可能性があります。

　とかく忘れられがちではありますが、慣れない地面でのプレーも筋の問題の原因となりえます。例えば、固い地面でウォーミングアップをして、その

後芝の上でプレーする場合がありますが、筋はそんなにすぐに新しい地面に切り替えることができません。したがって、それに順応するまでの段階で肉離れの危険は高まります。できるだけ、後で実際にプレーしたり走ったりする地面で準備をしたほうがよいでしょう。

　プロ選手の筋の方が、レクリエーションでスポーツを楽しむ人の筋よりも、地面の変化に明らかに鋭敏に反応するようです。

　その他、肉離れの原因として考えられるのは、不適切なシューズです。よいシューズはもちろん特売品よりも高価ではありますが、その分インソールとクッション性の高いソールによって関節、腱、筋を守ることができます。それがまさに正しいシューズを選択することの理由です。トレーニングはトレーニングシューズで行うことをお勧めします。スパイクは試合のみ、そして芝でプレーするときのみにすべきでしょう。

6-3　初期治療

　筋の機能障害の治療で最も重要なのは、筋の緊張をゆるめることです。患部にまず20分間程度「Hot-Ice」圧迫包帯を巻き（「補助手段」の項参照）様子を見ます。吸湿性のスポンジあるいは適当な大きさに切ったフォームラバーに氷水を含ませ、同様に氷水に浸した弾性包帯（7.5cm幅）で患部を広く覆って巻きます。この間常に包帯を氷水に湿らせ、あるいはアイスパックを当てるようにします。絶対に温めてはいけません。温湿布もしてはいけません。この応急処置を20分以上行うと、痛みは明らかに引きます。冷却によって緊張が緩和されるためです。

　痛みが引かない、あるいは増すような場合には、肉離れ（次の項参照）を考えなければなりません。筋の機能障害の症状と肉離れの症状は、ケガの経験の浅い選手には区別できず、同じように表現してしまう場合があります。

　「Hot-Ice」圧迫包帯の後、痛みのない範囲でストレッチングを行うことをお勧めします。慎重にソフトな軽い伸展から始めるようにします。筋を7～10秒間伸ばしたらゆるめ、また伸展させます。これを10～15回繰り返します。その後は、翌日まで湿布包帯をしておきます。

6-4 その後の治療

〈受傷後1日目〉

初期治療の項に書いたようなストレッチングエクササイズの反復。痛みのない範囲で軽いジョギング、あるいは自転車エルゴメータでの可動性トレーニング（最大20分間）。

> **重要** パワー的な運動はしてはいけません。筋に以前持っていた機能を徐々に回復させるために、改めて刺激し学習させなくてはなりません。

次に、筋緊張を緩和させるために「Hot-Ice」湿布をします。さらに、超音波、電気治療、マッサージも効果的です。

〈2日目〉

前日と同様のストレッチングエクササイズ。午前と午後に約20分間のジョギング（スプリントは禁止！）。ランニングの後「Hot-Ice」包帯。2回目のトレーニングの後は積極的疲労回復。受傷後1日目と同様、理学療法士の指導でストレッチングと体操。

〈3日目〉

午前と午後にストレッチングの後20分間のランニング（ランニングのスピードを変えながら）。その他の進行は2日目と同様。

〈4日目〉

たいていの場合、通常のトレーニングを再開できます。

> **重要** 負荷は全て痛みのない範囲で——これを絶対に守りましょう。

6-5 予　　防

筋の機能障害は、適切な丁寧なウォーミングアップ（「ウォーミングアップ／ストレッチング」の項参照）によって、かなり防ぐことができます。球技では通常約20分間程度かけることをお勧めします。テニスでは15分程度が適当です。ゴルファーも1本目のストロークの前に、少なくとも10分間はウォーミングアップをするようにしましょう。身体と筋を徐々に運動に適した温度に上げていかなくてはなりません。それからよく使う筋全てをストレッチングします。

ウォーミングアップのときの服装が不適切であることが原因で、筋の機能

障害が起ているケースをよく見かけることがあります。スポーツ選手の多くは、冬でなくてもトレーニングウエアを暖かく着込んで、その上に通気性の悪いウエアを上下とも着用し、できるだけ早く「温まる」ようにしています。そして試合の直前になって初めてウォーミングアップスーツを脱いでいます。これは間違いです！　これによって皮膚と筋に大きな温度差ができてしまいます。ウォーミングアップで軽く汗をかいて、汗の滴が出始めたらすぐにトレーニングウエアを脱いで、試合と同じ状態でさらにウォーミングアップを続けるようにするべきです。ただしこれは、例えばスプリントのようなパワー的な短時間のスポーツ種目には当てはまりません。

アドバイス　ウエアの下にメッシュのシャツを着ると、シャツが汗を吸うので、濡れて冷えるのを防ぐことができます。

　筋の機能障害の予防で重要なのは、正しい栄養と適切な身体のケア、水分とミネラルの補充（「栄養、食事と飲料」の項参照）です。

7　肉離れ

　肉離れを非常に早く治すことが話題の的となることがあります。とりわけ、サッカーのドイツ代表選手、ユルゲン・クリンスマンの早い復帰が話題となったことがあります。これは、1996年ヨーロッパ選手権イングランド大会で、受傷7日後にプレーできたことで、人々を大いに驚かせたケースです。しかし通常の場合、肉離れの治療は受傷から復帰まで少なくとも10日間は継続するものなのです。

　私たちは、ドイツサッカー協会メディカルスタッフとしてヨーロッパ選手権イングランド大会に同行しました。このようなケースはしばしば「奇跡の治療」などともてはやされがちですが、私たちのしてきたことはそんな魔法のようなものではないということを、ここでもう一度はっきりさせておきたいと思います。

　ユルゲン・クリンスマンのケースでは、一連の「幸運な状況」が重なったことによって早期復帰が可能になったにすぎません。

　これはこの1回限りの特別なケースであって、これをスタンダードにする

ことはできません。このケースではほぼ24時間ぶっ通しの非常にインテンシブな医学的ケア、心理的ケアと治療を行いました。このようなことを日常的に行うことは不可能です。

7-1 症　　状

　筋の機能障害の場合は引きつるような痛みが起るのに対し、肉離れの場合は、突然の激しい痛みを感じ、それ以上負荷をかけられなくなります。
　程度によっては、針やナイフで刺されたように感じられることがあります。筋線維の断裂が大きいほど、鈍い感じとなります。
　通常の場合、血腫はそれほど目立ちません。出血が認められた場合には、筋あるいは筋膜の断裂が考えられます。

7-2 原　　因

　肉離れは、たいていの場合、非常に強い負荷を受けている最中あるいは後に起ります（例：長いスプリントの反復）。筋の機能障害の場合と同様に、筋が過度に疲労したとき、あるいは過度に乳酸がたまったとき、ウォーミングアップが不十分あるいは不適切なとき、トレーニング状態の不良、あるいは多量の発汗によるミネラル分の喪失によって起る場合もあります。また、ケガが完治していないことやコーディネーションの失調も原因となります。さらに代謝の失調あるいは炎症性の病巣（扁桃腺の化膿、歯根の炎症等）もこのケガを助長します。

7-3 初期治療

　私たちの経験から言うと、すぐに適切な初期治療を行うことが決定的な意味を持つと言えます。肉離れの場合は組織が出血を起しますが、それをすぐに圧迫と冷却で抑えるようにしなくてはなりません。遅くとも受傷の10分後には、「Hot-Ice」で冷却の圧迫包帯を巻くべきです。これより遅くなると、患部に身体の自己制御がはたらき、治癒の進行にネガティブな作用を与え、治癒が遅くなります。応急処置で1分無駄にするごとに、回復では1日無駄にすることとなるのです。

第3章　筋の傷害

◆圧迫包帯の巻き方

ケガをした筋には絶対に負荷をかけず、緊張を緩和させます（例：大腿や下腿の肉離れのときには、膝を軽く曲げ、腰よりも高くします）。氷水を含ませたスポンジあるいは適当な大きさに切ったフォームラバーを患部に当て、「Hot-Ice」包帯を広めに巻きます

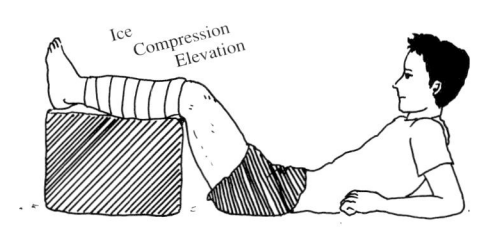

図2-7　圧迫包帯（下腿の場合の初期治療）

（例：7.5～10cm幅の弾性包帯に氷水を含ませます）。強めの圧迫が加わるようにします。圧迫包帯をまず20分巻き、その間常に外から氷水で湿らせます。

20分たったら圧迫包帯をはずします。圧迫を長くかけすぎると筋の代謝が阻害され、そのことが後に大きな問題となる可能性があります。圧迫包帯をはずすことによって筋に再び血流が通い、酸素と栄養分が供給されるようになります。4～5分休んだ後、さらに次の「Hot-Ice」包帯を20分巻きます。この包帯を、休みを入れながら、全部で3～4回繰り返します。この間損傷した筋には負荷をかけないようにします。

重症の場合、筋の血行は、通常3時間ぐらいたって、やっと落ち着いてきます。

> **重要**　患者はその間、シャワーも圧迫包帯をしたままで浴びるべきです。シャワーを浴びると温水によって外から温められ、血行が促進されてしまいます。また、少なくともその後8時間は冷湿布包帯を巻いておくようにします。そして患部はできるだけ高挙し、負荷をかけないようにします。

◆絶対に注意すべきこと

スポーツ傷害では全て、原則として受傷後24時間はアルコールはとらないこと。水分調整と身体の調整メカニズムが狂い、その結果、患部に「水分が引き寄せられ」ます。すなわち、腫れ（水腫）が大きくなってしまいます。

> **重要**　基本的に消炎鎮痛剤は使用しないこと。使用すると本人が痛みを客観的に判断できなくなります。それによって患部に本来必要な保護をせずに負荷をかけてしまい、治癒のプロセスが妨げられることになります。

7-4 その後の治療

さらに適切な治療やリハビリテーションを医師や理学療法士から受けるようにしなくてはなりません。

治療手順としては、以下の方法が認められています。

◇ 肉離れをできるだけ早く治癒させ、それ以上傷めないようにするために必要なあらゆることを実施します（鎮痛剤は使わないようにします）。損傷への生理的な反応も含め（例：損傷した筋の短縮）、損傷のあらゆる症状を治療し「取り除く」ようにしなくてはなりません。そして筋がケガをする前よりもさらによい状態になるようにします。

これは、毎日長時間かけて治療することによって可能となります。例えば、リンパドレナージ（血腫の処理と血行不良の予防）、患部以外の部位のマッサージを丁寧に行います。患部自体は最初の5日間は手をつけずにおきます。

隣接する部位の可動性、痛みのない範囲での受動的・能動的な筋のストレッチング、電気治療、軟膏の使用。負荷を軽減するバンデージ、夜間は湿布包帯。

◇ ケガをした筋と同じような機能を持つ他の筋を刺激し学習させます。ケガをした筋、また完治していない筋の機能を代わりに果たすようにさせます。

◇ 5日目から……理学療法と並行して、痛みのない範囲でランニングトレーニングを入れ始めます。約20分の軽いジョギングから始めます。次の2日間は2×20分間で、強度を上げていきます。

◇ 8日目から……加速走が可能となります。

◇ 10日目から……スプリントとコーディネーションエクササイズを行います。ただし、痛みのない範囲で行うことが条件です。

サッカープレーヤーの場合は、ボールトレーニングの再開は、ランニングをしても痛みが出なくなってからにすべきです。さもないと再発のおそれがあります。

〈ルール〉

最初の負荷で患部に痛みを感じた場合、あるいは筋緊張が増した場合、トレーニングは中止すべきです。無理に続けると悪化し治癒のプロセスが妨げられてしまいます。負荷をかけるのが早すぎたり新たに損傷してしまった場合には、はるかに長いリハビリテーションを行わなくてはならなくなります。

> **重要** 毎回の治療が終わるごとに、ケガをした筋を「Hot-Ice」で冷却し、発熱反応を防ぎます。毎回のトレーニングの後にはクールダウン（「回復／クールダウン」の項参照）、ストレッチング、積極的回復を必ず行うようにします。

7-5 予　防

筋の機能障害の場合と同様。

8 筋けいれん

筋けいれんは、その場ですぐに自分であるいは仲間によって治めることのできる傷害です。一つの筋群に持続的にオーバーロードがかかると、スポーツ選手は激しい痛みを感じます。一番よく起るのはふくらはぎですが、大腿や足の指に起ることもあります。筋けいれんを起すとそれ以上走れません。筋が極度に緊張し、また血行が阻害されるので、非常に痛みが強く、運動ができなくなります。

8-1 症　状

筋に急に激しい痛みが起ります。運動が制限され、あるいはできなくなります。当該の筋ないしは脚に極度の緊張感が起ります。

8-2 原　因

筋けいれんの原因は、筋代謝の失調にあります。そこにはさまざまな原因があります。全身の疲労、オーバーワーク、体調不良と並んで、きつい衣服やストッキング、レガース等でふくらはぎ等の筋が締め付けられ、血行障害が起ることによって筋けいれんとなることも多々あります。冬よりも夏の方

が多く発生します。気温が高いとミネラル分がより多く失われがちになるためです。さらに、静脈瘤、腰部の障害、シューズが合っていない／よくない、足のアラインメントの異常等も、筋けいれんの原因となります。

8-3 応急処置

◆ふくらはぎのけいれん

けいれんした筋をすぐに伸ばすことが重要です。

床に座らせて、その脚の膝関節は伸ばさずに90°に曲げておきます。そして両手でつま先を起していきます。伸展を20秒間保持します。それを3～4回繰り返します。

それで治まらなかったときには、以下のようにしてみます。

患者をうつぶせに寝かせ、筋けいれんを起している下腿を大腿に対し直角に起し、つま先を下に向けて押します。伸展を15～20秒間保持し、約10秒間の休みをはさんで2～3回繰り返します。けいれんが治まったら、患者はつま先を補助者の手の圧力に対して押し返すことができるようになります。

■ふくらはぎのけいれん
①患者はうつぶせに寝、下腿を直角に起す。②補助者は、患者のつま先を下に向けて押す。この状態を15～20秒間保持する。③次に約10秒間ゆるめる。⑤以上を2～3回繰り返す。

■大腿後面のけいれん
　①患者はあお向けに寝る。②補助者は伸ばした脚の膝の上に乗り、患側の膝を伸ばしたまま体幹の方へ曲げていく。この状態を15～20秒間保持する。③それを2～3回繰り返す。

次にその脚のふくらはぎと膝窩（膝の裏）を、冷水を含ませたスポンジでこすります。それによって患部の血行が復活し促進されます。

◆大腿後面のけいれん
　けいれんを起して短縮した筋を、軽く段階的に伸ばしていきます。立った状態から、体重を健側に乗せ、上体を前方へ倒していきます。姿勢をもとに戻してもけいれんが治まっていると感じるようになるまで伸展を保持します。次に冷水を含ませたスポンジでこすります（上の写真の方法も参照のこと）。

8-4　その後の治療

　温水での運動浴、ミネラルタブレット、ミネラル飲料の補給を行います。

8-5　予　　防

　トレーニングや試合の前には、必ず十分なストレッチングと体操のプログラム（「ウォーミングアップ／ストレッチング」の項参照）を行うようにし

ます。よいトレーニング状態を心がけます。フィットネスのエクササイズは無理せずに行うようにします。筋力トレーニングは、短めのトレーニングインターバルあるいはセットで（例：10×7〜10回）、間に2分間の休憩をはさんで行う方が、50回連続で行うよりも望ましい方法です。

試合中や休憩中の水分補給は、おもにフレッシュなミネラルウォーターで補給するようにします。少量のレモンティーを加えてもよいでしょう（身体への吸収を考えると、できるだけぬるめの温度の方がよい）。

スポーツ後、発汗で失ったミネラル分、微量元素等の補給をするには、アップルジュースとミネラルウォーターを混ぜたものが非常に適しています。ミネラルタブレットやミネラル飲料の使用に関しては、製品によって品質に大きな差があるので、専門家のアドバイスを受けるようにした方がよいでしょう。

重要 冷たい飲料をとらないこと。アルコールをとらないこと。

けいれんがしばしば起る場合には、専門家に腰部の診察を受けるようにします。また、血液検査を受けることをお勧めします。

アドバイス ストッキングやレガースは、締め付けないように、伸縮性の強い幅の細いバンドやゴムのバンドで留めず、幅の広いテープでゆるめに留めるようにします。

9 筋肉痛

筋肉痛に関しては、多くのスポーツ選手は残念ながらいまだに完全に時代遅れの間違った認識をしているようです。きつい慣れないトレーニング負荷の後に筋肉痛が出ることを、ハードワークをしたことの証明であると思って満足しているのです。

しかし実際は、筋肉痛は筋線維の部分的な損傷です。必ずしも深刻に考える必要はありませんが、それでもトレーニングを理性的に適切に調節することによって防ぐことのできるものなのです。登山者なら、慣れないハードな

上りを敢行した翌日に、筋肉痛になったことが何度もあるのではないでしょうか。

9-1 症　状

きつい慣れない負荷、長い休み明け、不十分な準備による筋の疲労（例：足が重い）――これらの原因で筋のコーディネーションが制限されます。負荷を受けた翌日には、とくによく使った筋に、多かれ少なかれ強い筋肉痛が出ます。痛みによって運動ができなくなることもあります。

9-2 原　因

オーバーワーク（エキセントリックな筋収縮、ブレーキ、維持や負の筋力発揮。例：坂の下り）によって、筋に乳酸がたまります。乳酸と疲労産物が沈殿し、血行が阻害され、組織を刺激します。コンセントリックな仕事（例：坂の上り）では、筋は疲労しても筋肉痛は起りにくいのです。

疲労とコーディネーションの低下によって、ケガの危険が高まります。例えば長いテニスの試合で、なんとしてでも決着をつけたいと思ったときに、足がもつれたり足をくじいたりすることがあります。筋が関節を安定させることができなくなるので、靱帯を損傷する危険がいちじるしく高まります。

9-3 初期治療

疲労産物をできる限り速やかに除去して筋肉痛の発生を防ぐためには、できるだけ早く積極的回復および受動的回復を行うようにすることです。翌日になってしまったら、同じ効果を得るのはよほど困難になります。

したがって、たとえ疲れていても、プロ選手も趣味のスポーツマンも、トレーニングや試合その他で身体に負荷がかかった後には、必ずクールダウンを入れることを習慣とすべきです。まず負荷を受けた筋をゆっくりと伸ばします（「回復／クールダウン」の項参照）。こうすることで、筋緊張や筋肉痛を少なくともある程度は予防することができます。

さらに、ゆっくりとしたジョギングをします。あるいはもし可能であれば自転車エルゴメータを軽い負荷でこぐのもよいでしょう（15〜20分間）。そ

の場合は、通気性のよい服を着て熱がこもらないようにします。

　また、筋肉痛の予防に有効なのは、疲労回復のための入浴です。37〜39℃のぬるめのお湯に10〜15分間つかります。入浴剤、あるいは一撮みの食塩を加えると、効果はさらに高まります。

　サウナで軽く汗をかくことも有効です。低めの温度で1〜2回、6〜8分間サウナに入ります。サウナの前には必ず水分をとるようにしましょう。乾ききった状態でサウナに入ってはいけません。また、サウナから出た後には休息をとります。場合によっては経験豊かなトレーナーに疲労回復のためのマッサージを受けます（触るだけで痛いようなときにはマッサージをしてはいけません）。

◆それでも筋肉痛が出たらどうするか？
　硬直した筋は慎重にゆるめるようにします。筋のこわばりがなかったら軽く走ってみます。筋温が高まることによって改善されることもしばしばあります。トレーニング時間は人によって違いがありますが、通常は、新たに筋に疲労が出始めるまでです。筋肉痛の原因となったスポーツ負荷を繰り返してはいけません。
　重い筋肉痛の場合は、まずさきほど述べた入浴治療をお勧めします。それに加えて、アクアジョギング、自転車エルゴメータ、理学療法士によるリンパドレナージが有効です。

9-4　その後の治療

筋力トレーニング……無理な筋力トレーニングをしてはいけません。10回やって、2〜5分休んでから次のセットを行うとよいでしょう。
登山者……登山は筋、腰、関節に問題が起りやすいので、とくに腰や関節に問題がある人の場合は、できるだけ上りのみを歩いて下りはロープウェーを使うことをお勧めします。やむを得ない場合には、下りでは杖を利用するようにしましょう。

第4章 *Fuß* 足の傷害

1 足部打撲(だぼく)

　打撲は、スポーツの中でもとくに格闘技的なスポーツで多く発生します（アイスホッケー、アメリカンフットボール、ラグビー、サッカー等）。しかし、打撲を軽く考えてはいけません。甘く見ると深刻な問題にいたる場合もあります。

　痛みが強く関節の機能障害が起る可能性があります。そこに不適切な負荷がかかるとさらに悪化し、悪循環を招いてしまうことになります。

> **注意** 足部の打撲の場合は、打撲した関節の骨膜、腱、関節包を損傷します。例えばサッカーなどでヘディングの競り合いの後に相手の足の上に着地してしまったような場合に関節の捻挫、脱臼あるいは中足骨の骨折（1か所または複数箇所の場合もある）が起ります。

1-1 症　状

　受傷時に強い痛みと機能障害が生じます。ほとんどの場合、患部にいちじるしい皮下出血と、広範囲の腫脹(しゅちょう)を生じます。相手に足の上に着地されたような場合は、足背部に大きな腫脹が見られることが多くあります。

1-2 原　因

　打撲あるいは踏まれるなどの外力が作用して起ります。また、サッカー等では競り合いで相手の足に乗ったり、飛び降りたりしてしまうことによって起る場合もあります。

1-3 初期治療

　まず皮膚に傷があるかないかを確認し、あれば消毒します。次に「Hot-Ice」で冷却します。氷水を含ませたスポンジまたは吸湿性のフォームラバーを、氷水で湿らせた弾性包帯（7.5 cm幅）で巻き、軽く圧迫固定します。

　刺すような強い痛みが出たり、ギシギシいう感じ（握雪音）があったら、足に負荷をかけるのを直ちに中止すべきです。このようなときは骨折の疑いがありますから、圧迫をやめ、足をつかずに医師の診察を受けに行きます（その場合の治療については「骨折」の項参照）。

　現場で適切な応急処置を行うことができない場合は、医師に処置してもらうことをお勧めします。そのような場合は、シューズ、サポート用具、ストッキングははずしたり、切り開いたりせず、できるだけそのままにしておいた方がよいでしょう。シャワーを浴びる場合も同様で、紐を締めたシューズはとりあえずの圧迫固定となり、腫れの広がりを防ぐことができます。医師の診察を受けるまでは、足を高く挙げ、冷水で冷却します。

　軽い打撲だったら、シューズはまず履いたままにしておくのが賢明です。紐や舌革の上からシューズに冷水をかけます。シューズの圧迫と冷水によって、出血を広げずに早期にくい止めることができるので、痛みはたいていの場合すぐにおさまります。

　足部の打撲を軽く見て適切な処置（圧迫固定と冷却）をしないと、その結果、非常に強い痛みが生じる場合があります。痛みをおさめるには、スポーツ活動を中止すべきです。
　「Hot-Ice」、圧迫固定の準備ができるまでは、シューズは履いたままにしておく方が賢明です。

1-4 その後の治療

　足を身体の中心（心臓）より高く挙げることで、血行を抑制します。20分間「Hot-Ice」包帯で足から下腿まで巻きます。血行をさらに抑制するためには、高挙した患側の足を、痛みのない範囲で動かします。7秒間緊張、10秒

間リラックス——これを10回繰り返します。

　続いて軟膏を塗って包帯を巻きます。皮膚に傷がある場合には消毒し、皮膚に刺激の少ない消炎用軟膏を塗り、包帯で巻きます。ビニールでカバーをすると熱がこもってしまうので避けます。

　皮膚に傷がない場合は、夜間は消炎用の軟膏を塗って包帯を巻いておきます（「補助手段」の項参照）。

2 足部の変形

　足はほとんど全てのスポーツ種目で、トレーニングでも試合でもたいへんな仕事をしています。足は常に非常に大きな要求を受け続けているのです。とくに足の形状が生理的な通常の形から変形している場合には（ハイアーチ、垂下足、開帳足、回内足、扁平足等）、趾、中足部、足根部、足関節に不適切な負荷や過剰な負荷がかかることになります。

　足の変形は多くのスポーツ活動で起ります。この変形が修正されないと、筋緊張、関節包や腱の炎症、骨膜の炎症、膝や股関節、鼠径部、脊椎の障害にいたる場合があります。

(1) ハイアーチ

　遺伝性のものである場合が多く、内・外側の縦アーチが上がりすぎていて、しばしば踵骨のアキレス腱付着部が目立つ感じになります。アーチが上がる結果、ダイナミックに弾力のある踏み込みをすることができなくなります。足の外側縁での不自然な踏み込みになり、足関節外側の靱帯に負担がかかります。

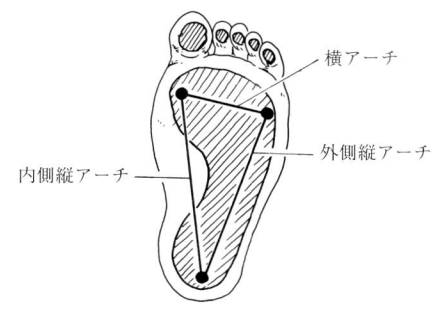

図2-8　足のアーチ

さらにオーバーロードがかかり続けると、足関節の捻挫、アキレス腱の障害、下腿の筋緊張、足の甲や縦アーチの痛み、踵部痛、足底筋膜炎、膝関節の障害の危険があります。

● 初期治療／予防

インソールを入れて、不適切なアラインメントを修正します。固い地面での長時間のトレーニングは避け、よいシューズを履くよう心がけます。

(2) 垂下足

垂下足は、ハイアーチと同様、基本的に遺伝によるものであり、しばしば中足部の障害を起します。足の縦アーチの腱炎、趾屈筋の痛みがあり、まれに下腿の筋に不規則な間隔で鋭い痛みを感じることもあります。悪化するとその間隔が短くなります。

● 初期治療

縦アーチを持ち上げ、負荷を減らすようにバンデージを巻きます。

● その後の治療／予防

義肢装具士に足にかかる負荷を計測してもらい、足型をとってインソールを作ります。特別な足の体操、足底筋(そくてい)の筋力強化をします。また、靴底のしっかりしたシューズを履くようにします。

過体重の場合は減量することが重要です。

(3) 開張足

「開張足」では、胼胝(たこ)の形成、趾関節（第2、第3、第4）の下の角質や足底の炎症に苦しむことがしばしばあります。横アーチが開くことにより、前足部にとくに負荷がかかるためです。開張足は足の変形の中でも最も頻度が高いものです。幅の狭いきつい靴や、ヒールの高すぎる靴を履くとそれがさらに助長されてしまうので注意する必要があります。

◆炎症性の開張足

持久的な負荷の最中や後、また朝に立ち上がったときなどに、中足部の前

第4章　足の傷害

部に急性の鋭い焼けるような痛みが起ります。

スポーツの場合で炎症性開張足の原因として多いのは、とくに固い地面でのジャンプの繰り返しやランニング練習、地面の頻繁な変更等です。横アーチの靱帯が引き伸ばされることによって足が扁平化します。

重症のケースで、安静時にも痛みがあるような場合は、スポーツ活動を休止し、医師の診察を受けるべきです。

初期治療

急性の場合は、痛みと緊張を緩和することを目的として、約25℃の水に入浴剤を入れて足浴をしたり、適切なフットマッサージをします。

通常の日常生活の負荷では、足底板や開張足用バンデージを用いてケアすることをお勧めします（整形外科に相談）。スポーツをする場合には特別なインソールを作るようにします。

テーピングも有効です。一片のフォームラバー（厚さ0.5cm）を適切な形に切り取り、指の基節関節の後方に置きます。それを5cm幅の弾性包帯で巻き、テープ（3.8cm幅、15～20cm）を数本使って固定します。1周させずに上側だけかけ、テープが足底部にかからないようにします。

足の中央を15～20cmのテープで持ち上げ、両端を足に巻き付けるようにするとよいでしょう。引き上げることで、指の関節に圧力がかからないようにします。エラスティックテープの下にガーゼを少し入れてもよいでしょう。

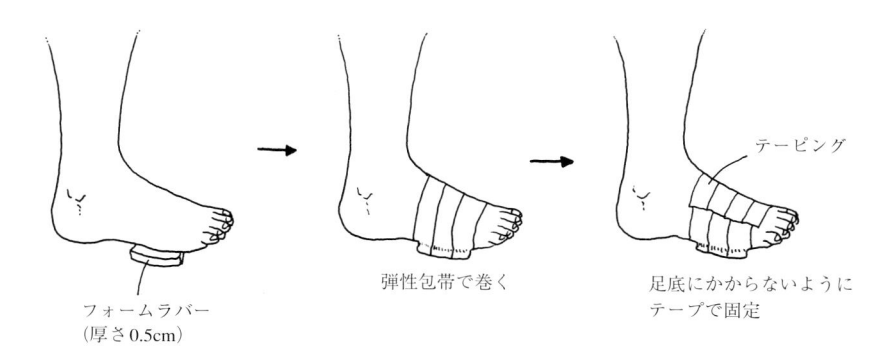

図2-9　開張足の初期治療

● その後の治療／予防

インソールによるケアを徹底して行います。足底板と適切なシューズを使うようにすること。補助用具を用いて足の体操（フットロール）、足底に凹凸のあるサンダル、義肢装具士よる足底圧の測定等の対策を考えるとよいでしょう。

(4) 回内足

これは後足部の問題です。

下腿の筋の緊張。場合によってはランニング時に踵骨が内へ大きく傾くことにより（外反）、内果（くるぶし）が大きく飛び出てきます。

● 初期治療／予防

型のしっかりしたシューズを履き、靴紐を適切な結び方で結ぶことで足の変形を修正します。シューズはヒールカウンターがせまく、ヒールカップが安定したものを選ぶようにします。

少年、成人ともヒールの高さは3.5cmまでのものが望ましいと思われます。足部のアーチを強化することで足の傾きを防ぐようにします。

(5) 扁平足

徴候として、扁平足の人は、疲労してくるとつま先を前に向けるのが困難になり、楽な外に向けるようになります。そうすると大腿に対して下腿が捻られることになり、その状態でジョギングやランニングを過度に行うと、膝関節にオーバーロードの炎症が出現します。

足の筋力が低下します。結合組織の弱化が根本的な原因となっている場合が多いようです。

● 初期治療／予防

よいシューズとインソールによるケアをします。足部と下腿の筋（ほとんどの場合で筋力低下が見られる）の筋力強化をします。経験豊かなコーチやトレーナーと正しい歩行やランニングを訓練します。つま先を常に意識して前に向けるようにします。また、健康的な生活を心がけるようにしましょう。

第4章　足の傷害

足のアラインメントの不良は、整形外科か義肢装具士による足型、足裏型、足底圧等の測定によって医学的な確認をすることができます。

◆足の障害を防ぎ、足部の筋を強化するためのエクササイズ
【例】　○10ｍを足の外側縁で前・後に歩行
　　　　　　次に内側縁で
　　　　　　次に踵、つま先で
　　　　○つま先、踵、足の外側縁、内側縁で、それぞれ起立（各1分）

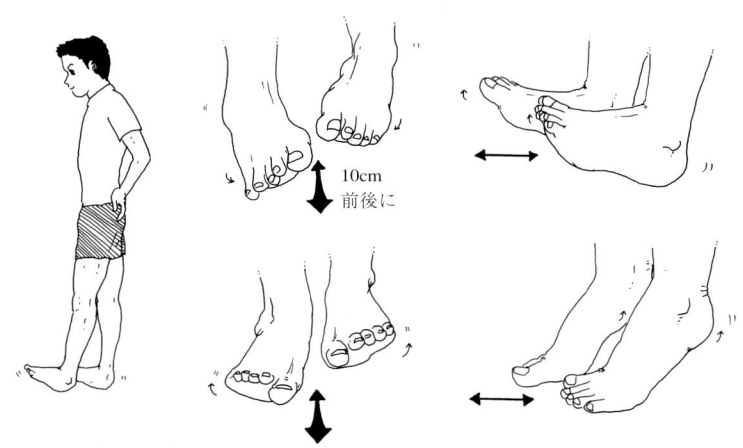

図2-10　足の障害を防ぎ、足部の筋を強化するためのエクササイズ

アドバイス －1－	毎日の足のケアは、スポーツ選手にとって当然のことです。シャワーの後にはていねいに（徹底的に）乾燥させ、場合によってはドライヤーをかけ、主要なケアを行います（例：体育館の固いフロアで強い負荷を受けるとき、あるいは長いトレーニング休み明けには、ワセリンを塗るなど）。とくに足の指の間や爪の手入れをします。フットバス、フットマッサージ、ストレッチング等も有効です。
アドバイス －2－	足型をとる場合は、できるだけ午後のトレーニング後にします。足の長さや幅は、1日の間にさまざまな負荷を受けて変化する（大きくなる）からです。早い時間に型をとってしまうと、後からシューズが小さすぎて合わないといったことになってしまいます。スポーツシューズはできるだけスポーツの負荷を受けた後に購入すべきです。買うときには必ず両足とも試すようにするとともに、その際にはできるだけスポーツのときに使用するソックスやストッキングを着用して履くようにします。

3 踵骨棘 (しょうこつきょく)

踵骨棘は、踵骨の足底腱膜の付着部の骨の隆起、突出です。炎症性の踵骨棘は、踵に不快感が出る障害で、長引くことも多いものです。炎症が突然あらわれ、踵をつけなくなったり、歩けなくなったりすることもあります。スポーツ活動は不可能です。炎症はしばしば慢性に移行し、処置をしないと痛みが何週間も何か月も続く場合もあります。

3-1 症　状

踏み込んだりジャンプしたりしたときに、踵に刺すような痛みを感じます。急性の炎症では、足を踏み出したときに激しい痛みが出ます。慢性になると朝足をついたときに踵に痛みを生じます。指先で押すと、1点きつい痛みがある部分が確認されます。

3-2 原　因

きついかたよったトレーニング（アスファルトでのランニングなど）によるオーバーロード、固い地面（コンクリート、アスファルト、ハードコート）でのトレーニングや試合（テニス、バドミントン、スカッシュ、ハンドボール、サッカー）、きついブレーキやジャンプの繰り返しなどでも、足部のオーバーロードにいたります。その結果、徐々に縦アーチが低下し、足底腱膜にオーバーロードがかかり炎症が生じるようになります。

履きつぶされて変形したシューズ、靴底がしっかりしていない、ヒールが硬すぎる、スパイクが高すぎる、足のマルアライメント（例：ハイアーチ）などがあると、炎症性踵骨棘が起りやすくなります。遺伝的な要素とならんで、生理的な尿酸値の増加（タンパク質代謝の過多による）が、炎症性踵骨棘の原因の一部となっていることもまれではありません。

3-3 初期治療

医師の診察を受けるべきです。炎症性踵骨棘は、今日ではほとんどの場合、超音波とレントゲン検査で診断します。全身のアライメント不良があれば

第4章　足の傷害

診察で明らかになるので、それをコントロールすることをお勧めします。

　インソールに穴をあけてケアするという方法があります。親指の爪くらいの大きさの穴をあけ、炎症の中心部にかかる圧力を逃がします。さらにシューズはヒールカップのしっかりしたものをお勧めします。

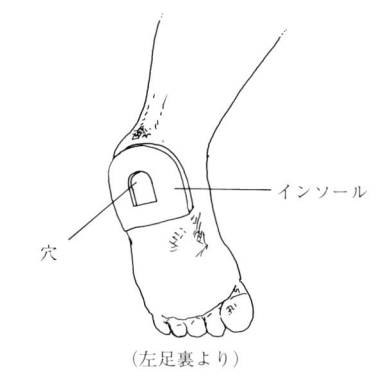

（左足裏より）

図2-11　インソールに穴をあけてケアする

3-4　その後の治療

治療法……超音波治療、レーザー治療、マニュアルセラピー（足関節全体のモビライゼーション）、さらに足底を縦横に徹底的にマッサージ。トレーナーによる下腿・足部の筋のストレッチング。

　踵骨棘の手術による除去は、最悪のケースにだけお勧めします。この場合は治癒までに非常に長くかかってしまいます。

3-5　予　　防

　よいシューズを履くよう心がけます。インソールを入れることも検討すべきです。ヒールカウンターのよいシューズを履くようにします。

　障害がある場合、整形外科あるいは理学療法士のもとで足の形状とランニングスタイルの診断を受けるようにします。確実な評価を行うには、トレッドミルランニングをビデオで撮影してみるのがよいでしょう。

　スポーツシューズ用にも、ふだん履くシューズ用にもインソールをあつらえ、整形外科医と定期的に話し合って点検し、必要があれば修正を加えるようにします。最近では、すぐれた素材と製造技術によって、柔軟性の高い非常によいインソールが改良されてきています。

　腓腹筋と足部の筋のストレッチング、傾斜面を使っての足底筋膜のストレッチングが有効です。

傾斜面を用いる　　　　　　　　　　　階段を用いる

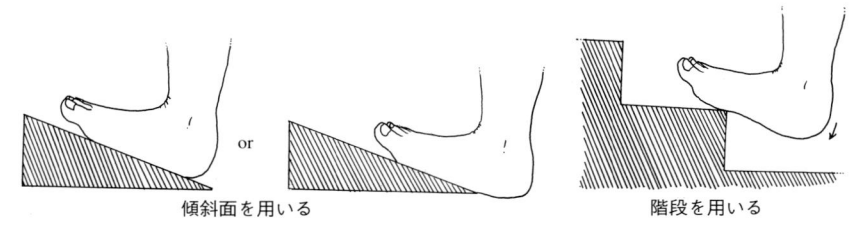

図2-12　腓腹筋・足底筋膜のストレッチング

　つま先を階段に乗せ、踵をできるだけ下まで下ろして、7秒間伸展を保持し、10秒間休む。それを10回繰り返します。これを1日に3回行います。

4 水疱（マメ）

　水疱はすぐにできてしまうものですが、自分で対処し、保護することができます。水疱は非常に痛みが強く、皮膚の損傷をともない、非常に不快になります。これを甘く見ると、とくに血腫の場合は痛みが非常に強い炎症や感染症に発展してしまうことがあります。そうすると付近のリンパ節が腫れる原因となります。小さな水疱は自分で治療をすることが可能ですが、大きいものは医師に処置してもらうべきです。

4-1 症　　状

　水疱は、たいていの場合、踵、足趾、母指球、手指、あるいは手にできます。皮膚に強い圧迫がかかったり、こすられたりして慣れない過剰な負荷がかかると、皮膚の層の間に組織液がたまり、これが水疱となるのです。大きさによってはかなり強い圧痛となります。

4-2 原　　因

　足に合っていないシューズ、きつい新しいシューズ、ソックスがちゃんとおさまっていない、不適切なバンデージ——これらによって皮膚にシワがよってこすれることが、水疱形成の原因となります。足の水疱は、とくに長いトレーニング休みが明けたときや、固い地面での練習で起りやすいものです。

手と手指の場合は、例えばテニスでグリップが合っていない、グリップのテープが不十分、あるいはゴルフでグローブが合っていないなどの原因で、皮膚がこすれて起ることが多くあります。初めのうちはほとんど気づかない程度の水疱ができていることもあります。

4-3 初期治療

最初の徴候や痛みがあらわれたら、スポーツ活動を中断しなくてはなりません。オーバーロードがかかっていた皮膚を専用のパッドでカバーします。皮膚にすでに組織液や血液がたまっていたら、処置をする者も手を消毒した後、その箇所をまず洗浄、消毒し、慎重に水疱の縁に滅菌した針先で穴をあけて液を抜き、もう一度消毒し、滅菌してカバーします。次に、保護のために水疱に合わせて穴をあけたフォームラバーを接着フィルム（ラップ）を使って、患部には何も触れなくなるように装着します。最後に、滑らないような保護バンデージで皮膚に固定します。それによって、水疱がはがれたり後から炎症を起したり感染したりするのを防ぎます。バンデージは濡れたら取り替えます。

4-4 その後の治療

発生から何日たっても痛みが強い場合には、中の液を抜くことをお勧めします。水疱が硬貨くらいの大きさだったら、すぐに医師の処置を受けるようにしましょう。水疱の中の液を抜けば、痛みはすぐにおさまります。小さい水疱の場合は、自分でやってもかまいません。

できたばかりの水疱を破いたりはさみで切ったりしてはいけません。水疱に穴をあけて液を抜いた後は、通常はスポーツ活動を継続することができます。保護のためには、セカンドスキン等でカバーし、伸縮性のバンデージで固定することをお勧めします。

> **重要** 皮膚の上層を切ったり破いたりしてはいけません。できる限り、皮膚が乾き自然に離れてくるのを待ちます。それが新しく下にできてくる皮膚に対する最高の保護となるのです。皮膚がぼろぼろになってきたらはさみで切ります。さらにスポーツ活動を継続するときは、場合によっては古い皮膚を伸縮性の絆創膏等とテープで固定します。ラケット系のスポーツ選手（例：テニス、ゴルフ）が水疱ができたときに指に巻くのと同様です。

4-5 予防

きつすぎるシューズは履かないようにします。きつい場合はシューズを押し広げ、シューズの革を柔らかくするスプレーを吹きつけ、靴型で一晩かけて広げます。新しいサッカーシューズに水をしみこませてなじませるという方法もあります。

ストッキングには、趾、母指球、踵の部分に、ワセリンを軽く塗りつけます。

> **アドバイス** 基本的に、スポーツストッキングは、最初に履く前に洗濯し、残った化学物質を取り除くようにします。合っていないソックスや大きすぎるソックスは履かないようにします。いちばんよいのは、縫い目のかさばらない木綿のソックスやハイソックスです。合成繊維のものは避けた方がよいでしょう。他には、踵や指の部分が木綿で補強してある専用のスポーツソックスやストッキングをお勧めします。

5 爪下血腫

手または足の指の爪の下の出血です。

5-1 症状

損傷した爪の下で出血して、爪床が変色します。当該部位が腫れ、痛みが増大し、圧迫感、張り、爪の下に脈拍を感じます。

5-2 原因

足または手の指を、ぶつける、踏まれる、はさむなどして、打撲をした結果、出血が起ります。また、シューズがきつすぎたり爪が長すぎたりすることも原因となります。

5-3 初期治療

手足の指の爪に、滅菌した1号注射針を使って穴をあけ、たまった血液を抜くことで、痛みや圧迫はすぐに取り除くことができます。この治療は痛み

のないように行い、清潔に細心の注意を要します。まず初めに足（手）を石鹸と温水で洗い消毒します。患部の指にもアルコールや消毒薬をかけます。滅菌した１号注射針を用いて爪に穴をあけます。これは薬局で入手することができます。針を血腫の中央に軽く押し当て、軽くねじって中の血液が出てくるまで穴をあけます。中にたまった血液を抜けば痛みはすぐに和らぎます。

| 重　要 | 穴をあけるときには、爪の端が穴に入らないように注意します。それから爪にもう一度消毒薬をかけ、滅菌した綿棒でそっとぬぐいとります。それから少なくとも１日は絆創膏でカバーしておきます。絆創膏は軽く圧迫して貼り、再び血がたまってくるのを防ぎます。 |

| 注　意 | 細菌に感染する危険性があるので、応急処置はドクターかまたは経験豊かなスポーツトレーナーが行うべきです。 |

5-4　その後の治療

24時間以内に再び爪の下に脈拍を感じたら、穴をもう一度同じ方法であけるべきです。損傷した爪は、絶対に除去せず、そのまま残しておくようにします。これが爪床への最高の保護となるのです。爪を取り除いてしまうと、爪床が変形し、新しく生えてくる爪が変形してしまうようになります。

5-5　予　　防

爪は伸ばさず、足に合ったシューズを履くようにします。

| アドバイス | シューズを購入するときは、できるだけ午後やトレーニング後にします。足が負荷によって長さも幅も大きくなっているからです。 |

6　足関節の外傷

　足関節捻挫はスポーツで最も多い傷害の１つです。どんな種目であろうと、プロであろうと趣味のスポーツマンであろうと同じように、足関節捻挫はいつでもどこでも起る傷害です。

　足関節捻挫は、足関節を捻ることによって起ります。ほとんどの場合、かなり痛みが強いものです。何が起ったのかがはっきりと分からないようなときもしばしばあります。

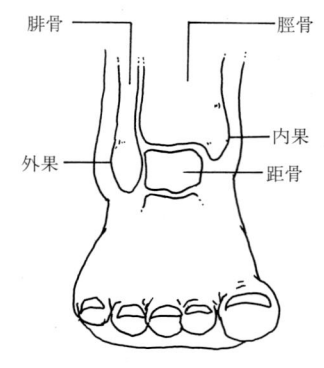

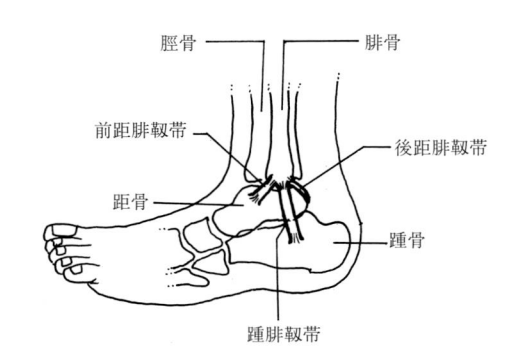

図2-13　足関節の各部の名称

　損傷は非常にさまざまです。軽い捻挫から、関節包や靱帯の部分断裂、完全断裂、軟骨損傷、剥離骨折から、脛腓靱帯結合損傷までいろいろな場合があります。

　これら全ての傷害に言えることは、必ず医師の診察を受け、正確な診断をしてもらうことが不可欠であるということです。正確な診断のためには、通常レントゲン検査が必要となります。自己流の処置を長く続けたりしないよう忠告しておきます。
　足関節の傷害の場合、適切な応急処置を行うことで、後の医師の治療を容易にし、治癒にかかる期間を短縮することになります。

6-1 症状と原因

　足関節の傷害は、ほとんどの場合、足首を「くじく」ことによって起ります。それによって、関節包とそれを取り巻く靱帯に通常よりも高い負荷がかかり、引き伸ばされたり断裂したりします。受傷のメカニズムに応じて、関節包とともに単独あるいは複数の靱帯が損傷します。
　刺すような強い痛みや腫れが出なかったら、少し「Hot-Ice」治療をすることで、場合によってはプレー続行が可能です。
　それでも後からドクターの診察を受け、靱帯機構の安定性を確認し、損傷部位を治癒へと向かわせ、伸びた靱帯機構を安定させるために適切なエクササイズで下腿の筋を強化することが重要です。

(1) 靭帯断裂

　足関節を捻った際に、内果あるいは外果に急に強く鋭い痛みが出て、すぐに腫れ始めたら、それはほとんどの場合、靭帯損傷の徴候です。ただし、この急性の痛みは比較的短時間でおさまるために、このケガを軽く見てさらにプレーを続行してしまい、腫れても後から医者に行かないといったことが起りがちです。また、靭帯が完全に断裂すると、場合によってはほとんど痛まなくなることもあります。

　サッカーのブンデスリーガ（ドイツのプロリーグ）においてさえ、靭帯断裂――あるいはそれに伴う靭帯の不安定性――が気づかれず放置されることが多いのです。というのは、トレーニングで筋力が十分に強化されているので、一時的に何とかしてしまうことができるため、プレーヤーはプレーを続行してしまうからです。筋の状態が十分でない場合には、靭帯断裂後にスポーツ活動を実行すると、足に不安定感を覚え、非常に簡単にまた捻ってしまうようになります。

(2) 脛腓靭帯結合損傷

　脛腓靭帯結合損傷（脛骨と腓骨の間の靭帯結合の損傷）が足関節の靭帯断裂と合併することがときどきあります。踏み込みや打撲などの外力の作用によって、また足の「踏み違え」によって起ります。これは、前足部が強制的に外に捻られ、同時に踵が内側に捻られるという特定のメカニズムによって発生します。

　すぐには外側の靭帯損傷のような目立った腫れが出ないため、診断には専門的なテストが必要となります。足の向きを変えたとき、とくに外縁を越えて外に捻られると強い痛みが感じられます。また、ジャンプしたりダッシュしたりしようとしても、足に力をかけることができず、力を伝えることができなくなります。

　このような場合には、足に負荷をかけるべきではありません。足を固定して、医師に診察を受けるまではできる限り保護し、高挙して「Hot-Ice」処置をします。

(3) 骨　　折

　足関節部に非常に強い耐えがたい痛み（場合によっては吐き気をともなう）がある場合、骨折の疑いがあります（剥離、踝部、腓骨、脛骨、足根骨の骨折）。

　骨折ではほとんどの場合、すぐにいちじるしい腫れが現れます。この場合はすぐにスポーツ活動を中止し、医師の診察を受けるまでは足に負荷をかけないようにします。

6-2　初期治療

　一般的に、足関節部の関節包や靱帯の損傷の場合は全て、捻挫の場合と同様に、損傷部位にできるだけ早く冷却と圧迫を開始するようにします。ただし、皮膚に傷がある場合には、まず最初に傷を消毒しカバーしなくてはなりません。

　続いて患者を寝かせて、まず20分間「Hot-Ice」圧迫包帯をします。スポンジに氷水を含ませ、同様に氷水を浸した弾性包帯（7.5㎝幅）で前足部から下腿の中央まで広い面を覆います。足を高挙し、冷却包帯は間欠的に繰り返し、氷水に浸します。冷却スプレーは使わないようにします。

　圧迫包帯の下にスポンジを入れることで、踝の形に合い、血腫がさらにできるのを防ぎます。圧迫包帯だけでは、くぼみに空間が残ってしまい、血液がそこにたまってしまう可能性があるためです。

　20分後、圧迫包帯を3～5分間はずします。それによって、損傷部位の代謝が再び高まります。医師の診察を受けるまで、さらに「Hot-Ice」圧迫包帯を継続します。

　ただし、明らかな変形が見られ、骨折が疑われる場合には、圧迫包帯は行わないようにします（「骨折」の項参照）。

　手術による処置やギプス固定が不要な場合には、はじめに徹底して冷却した後、3時間くらいたってから湿布による治療を開始することをお勧めします。

　皮膚に傷がある場合には、刺激のない薬剤の使用をお勧めします。傷がな

い場合は、湿布薬等で患部をカバーします。その上から氷水をしみこませた湿ったスポンジまたはフォームラバーを当てて弾性包帯で覆います。

> **注 意** 圧迫包帯は、シャワーのときもはずさないようにします。さらに、包帯は病院等で医師の診察を受ける直前にはずすようにします。場合によってはレントゲンの際にはずし、その後さらに治療を受けるまでの待ち時間が長い場合には再び巻いておくようにします。

「Hot-Ice」包帯固定が不可能な場合、また周囲に上記のような応急処置を施すことができる人がいない場合、患側のシューズとストッキングははずさない方がよいでしょう（シャワーのときも）。これによって、腫れの広がりを防ぐことが期待できます。脚はできるだけ身体の中心点よりも高く挙げておきます。

> **警 告** 腫れが出るので、24時間はアルコールをとってはいけません！

6-3 その後の治療

その後の処置とトレーニング再開に関しては、担当医の判断に任せます。何よりも重要なのは、損傷が完全に治癒し、徹底的に治療がなされていることです。

足に痛みがなくなっても、状態が安定するまで、治療はまだしばらく継続すべきです。さもないと、治療が不十分な足関節は傷害を再発しやすく、その結果、関節が早期から骨棘の形成等の変化を起してしまうことになります。

適切にプログラミングされた発展トレーニング――とくに損傷した靱帯機構をサポートする下腿の筋の強化――を、絶対に医師・トレーナーの指導・監督を受けて実施すべきです。素人判断で筋力トレーニングマシンを使ってエクササイズプログラムを組んでも、必ずしもよい結果が得られるとは限りません。

トレーナーの指導による、簡単なゴムチューブを使った筋力強化エクササイズが有効です。これはたいした出費もなく、後から自宅で自分でも反復して実施することができます。

第2部　傷害各論

（例）足関節底屈のエクササイズ　　　　足関節背屈のエクササイズ

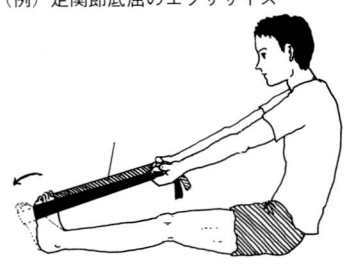

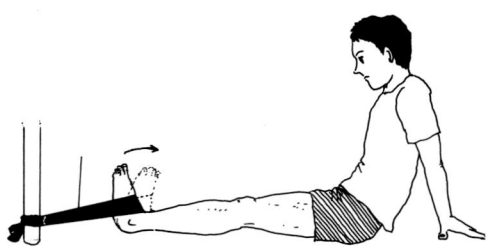

図2-14　ゴムチューブによるエクササイズ

　外側の靱帯機構の損傷の後は、約4～6週間、義肢装具士によってシューズの外縁を約4㎜上げ、外側靱帯にかかる負荷を軽減します。

　断裂あるいは過伸展した靱帯は、損傷の程度に応じて負荷を軽減し、治療し、リハビリテーションを実行すれば、問題なく治癒させることができます。それとともに、ふだん履くシューズとスポーツシューズにインソールを入れるべきです。

| 注　意 | ギプスで足関節を固定すると、下腿ばかりでなく足部の筋も衰弱します。トレーニングを再開すると足の筋がすぐに疲労しやすく、バランスをくずす危険があります。 |

　靱帯損傷の程度によって、テーピング、バンデージ、サポーター等で補強しサポートします。

| アドバイス | トレーニングや試合の際には、再び安定感が得られるまで2～6週間の間は再発予防のためテーピングをすることをお勧めします。しかしテーピングの使用は、時間の経過ともに少しずつ減らしていくようにし、最終的には試合のときだけにするようにします。 |

| 重　要 | 一定期間経ったら、使用状況に応じてですが、それでも最低年に1回はインソールの点検と調整を行うようにします。これは素材が劣化してしまうためです。10～16歳のユースの場合には、6か月ごとに点検すべきです。 |

6-4　予　　防

　一般的には、ゆるんだ靱帯と下腿の筋を、体操と適切なトレーニングによって強化します。予防で最も簡単なものは、砂や軟らかい芝などの自然の地

面の上を裸足でランニングすることで、足と下腿の筋力を強化することです。

以下に挙げるのは単純な体操ですが有効なものです。つま先で空中に文字を書きます。または、足の指で小さな粒を拾って箱に入れます。あるいはいわゆる「不安定板」を使って、トレーナーの指導のもとでバランストレーニングを行います。

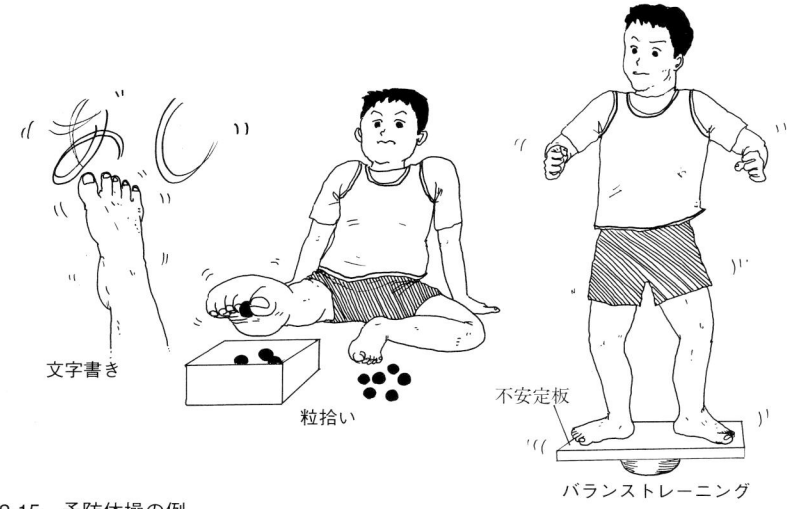

文字書き　　粒拾い　　不安定板　　バランストレーニング

図2-15　予防体操の例

一般的に、全てのスポーツ種目で、筋に障害がなく、機能と筋力が十分な状態を心がけます。筋による足の誘導が優れているほど捻挫の危険性は低くなります。

足関節の損傷を防ぐには、まず第一によく手入れされたよいシューズを履くことが重要です。履きつぶしてソールのすり減った古いシューズでは、捻挫を起しやすくなります。また、バランスの悪い外側のすり減ったソールやスパイクも同様です。

> **アドバイス**　とくにバスケット、バレー、ハンドボール等の屋内種目では足関節に高い負荷がかかります。そのような種目では、靴底がしっかりしたハイカットのシューズを履くべきです。これはジュニアやユースにも同様です。成長期にある子どもたちは、長軸方向の成長の早さに筋の成長が追いついていかないのでとくに注意を要します。

7 アキレス腱の外傷・障害

　アキレス腱は、人体で最も強力な腱ですが、同時に最も弱い部位でもあります。アキレス腱は1.5～2cmの楕円形の断面をもつバンドで、下腿の筋力を踵骨に伝えることで非常に大きな負荷を受けています。体操競技、トランポリン、高跳びでは、そこにかかる力は1トンにも及ぶこともしばしばです。これは体重の12～15倍に相当します。

　アキレス腱は常に働いています。というのも足がほとんど常に酷使されているからです。負荷は起床とともにかかり始め、眠りにつくまでかかり続けるのです。

　アキレス腱は滑走組織の中にあり、他の腱と違って筋が周囲になく、ほとんどカバーされていません。サッカーのように、常に相手と1対1になるような競技のスポーツ選手は、非常に危険にさらされます。また、陸上競技、体操競技、テニスなど、足に爆発的な力がかかるあらゆる種目、着地で体重の何倍もの力を受けなくてはならない種目で、アキレス腱はたいへんな負荷を受けます。

　ぶつけたり、突いたり、過度の負荷を受けたりすると、アキレス腱あるいはそれを取り巻く滑走組織はすぐに炎症を起します。最悪のケースでは、過度の負荷あるいは前からの障害によって、腱が断裂してしまいます。その場合は早速手術が必要となります。アキレス腱の急性、慢性の障害の場合、医師の診断を受けるようにすべきです。

7-1 症　　状

　アキレス腱あるいはそれを取り巻く滑走組織の炎症の場合、おもに足を踏み込んだときに、強い運動痛を感じます。とくに朝起きて最初の1歩をついたときに痛みが出ます。さらに動いているとそのうちに痛みは和らぎますが、少し動くのをやめると症状がまた現れます。炎症は常にあり、腱膜内での腱

の動きが悪くなります。組織が炎症を起し、腫れ、皮膚が少し赤くなることもあります。アキレス腱の付着部に圧迫感が高まり、足を動かしたときに患部にきしみを感じることもあります。

アキレス腱が断裂しても、まだ歩くことができる状態なので、本人が分からない場合もときどきあります。患者は、何か鈍い抵抗（石のようなもの）がふくらはぎに当たった感じがし、最初の瞬間は打撲だと思うことが多いようです。

純粋な外傷としてのアキレス腱の完全断裂はあまり多くはなく、通常はあらかじめなんらかの障害があった場合に起ることが多いものです。また、例えば車を押して動かすときのように、腱にかかる力がとくに大きくなるときにも起りえます。断裂時には短い鈍い痛みがあり、パチンという音が聞こえます。足を踏み込むことができなくなりますが、それでも足を引きずりながら前に進むことはできます。アキレス腱が完全に断裂した場合、あるいは20％程度断裂しても、私たちの見解としては少なくともスポーツ選手の場合には手術をお勧めします。というのは、ギプス固定などによる保存療法では、十分な成果は得られない場合があるからです。

手術の後は、数週間のギプス固定が必要です。その後約6週間にわたるリハビリテーショントレーニングを行い、通常約3か月間でトレーニング活動を再開できるようになります。

7-2 原　　因

アキレス腱部分への打撲あるいはサッカーなどでは蹴られることにより、腱の滑走組織が炎症を起し、腫れます。癒着と炎症が慢性にいたる可能性があります。また、極度の負荷（高跳び、体操競技）、オーバーロード（長距離走）、あるいは固い慣れない床面でのトレーニング、突然床面を変える（屋内から屋外、またはその逆）、下腿の筋が硬く短縮など——これらがアキレス腱周囲炎の原因となります。

シューズが悪かったり、あるいはシューズの後縁が当たったりして、腱に慢性的な圧迫がかかると、それも炎症を起す原因となります。また、足の変

形（例：回内足、ハイアーチ）、あるいは脚のアラインメントの不良（例：X脚、O脚）も原因となる可能性があります。また、スポーツ選手で、腰椎部に問題を抱えている場合は、アキレス腱炎を起す危険性が高くなります。

尿酸値が高過ぎ、またコレステロール値が高過ぎる場合、これらがアキレス腱部分に沈着し、炎症の原因となる可能性があります。最終的に原因を究明するときには、リウマチ性の疾患、あるいは炎症性疾患（例：歯根炎、扁桃腺炎）も考慮しなくてはなりません。

7-3 初期治療

アキレス腱に違和感があった場合には、すぐに、腫れおよび熱感の発生をくい止めるよう試みます。ケガをした足は、すぐに氷水を浸したスポンジと弾性包帯を用いて、15〜20分間「Hot-Ice」包帯をします。次いで、4〜5分間休んだ後包帯を替えます。この治療を3〜4回繰り返します。包帯はこの間常に氷水に浸します。足をまず氷水につけてもよいでしょう（例：氷水を満たした容器、バケツ等を利用）。

皮膚にアイスパックを直接当ててはいけません。ただでさえ悪くなっているアキレス腱の血行と代謝物質の補給が悪化し、治癒プロセスが阻害されてしまいます。その後、約8時間冷湿布をします。軟膏を患部に厚く広く塗布し、湿らせたガーゼを載せ、アキレス腱を軽く覆うという方法もあります。

あるいは包帯用脱脂綿またはガーゼを適当な大きさに切って、へらでその上に軟膏を塗ります。その湿布をアキレス腱に当てて覆うことで、アキレス腱を保護し、負荷を減らすことができます。

急性、慢性の障害の場合は、医師の診断を受けるようにします。

7-4 その後の治療

その次の2〜3日は、1日に2回、朝と晩にアイシングをします。冷湿布をアルコールを使って行う方法もあります。アルコール湿布溶液（氷水0.5ℓにスプーン2杯程度）で冷湿布を20〜30分間行います。包帯は冷たさを感じなくなるまでしておきます。合間に包帯に再び冷たいアルコール湿布溶液を塗ります。

夜には冷湿布をします。ベッドの熱が治癒プロセスを妨げるためです。日中は患部に何回か炎症を抑える消炎鎮痛剤を塗っておきます。

その他、傾斜面を使って筋の緊張緩和のストレッチ、ならびに下腿、大腿、腰部の筋のマッサージを行います。さらに勧められるのは、入浴剤を入れた足浴、電気治療、レーザー治療、超音波治療です。

症状の緩和が見られない場合には、経験豊かな理学療法士の手に委ねるようにします。

早いうちに、スポーツシューズやふだん履くシューズに、インソールを入れてアラインメントを調整し、できるだけ原因を排除することが重要です。急性のケースでは、2～3日間ヒールを高くするくさび形のインソールを入れて踵を少し上げ、それによって、腱の緊張を軽減するとよいでしょう。

ただしこのインソールはできれば3日以上は使わないようにします。というのは、腱が再び通常の負荷に慣れる必要があるからです。

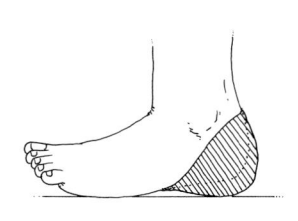

図2-16　踵を上げるインソールの例

痛みがある場合には、受傷から数日はランニングでアキレス腱に負荷をかけるのは、絶対に避けるべきです。あるいは、負荷を避けた形での他のトレーニングを行います。例えば足に負荷のかからない水中ジョギング、水泳、サイクリング（つま先でペダルを踏まない）、あるいはトレーナーの指導の下に、全身のトレーニングをこの機会を活用して行います（とくに弱い部位の強化）。

たいていの場合、規則的にストレッチングエクササイズを入れることによって、比較的早期にアキレス腱に負荷が完全にかけられるようになります（「ウォームアップ／ストレッチング」の項も参照）。ストレッチングエクササイズとしては、裸足で床に足をつき、膝をゆっくりと前に出し、ふくらは

第2部　傷害各論

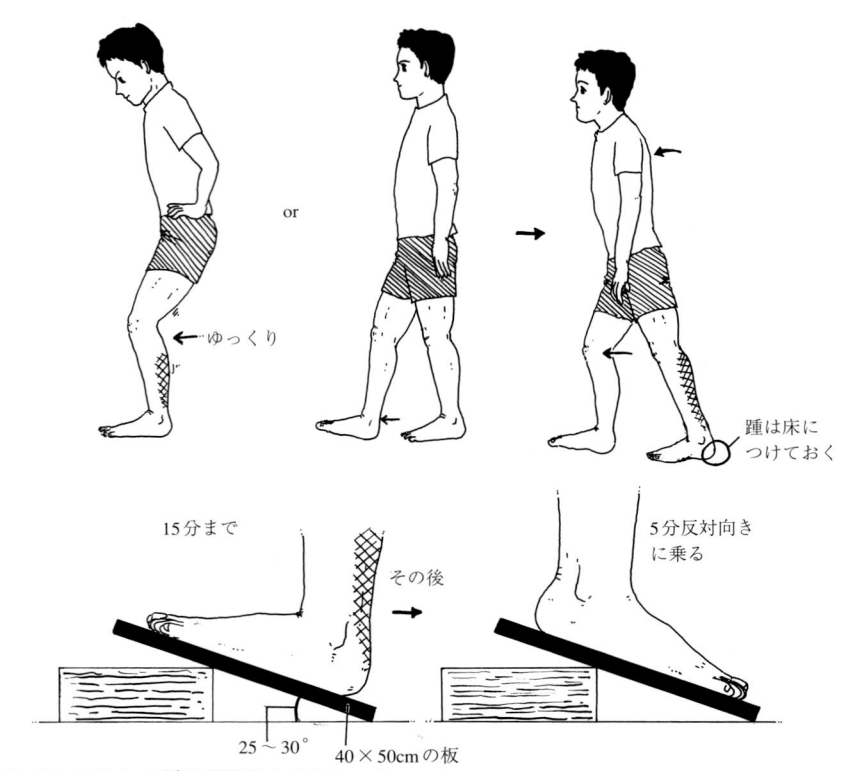

図2-17　アキレス腱の段階的なストレッチ

ぎに緊張を感じるところまで伸展させます（10秒間）。

　あるいは健側の足を1歩前に出し、患側を後ろに残します。そのとき膝関節は伸ばしておきます。健側の脚の膝関節をゆっくりと前に押し出します。その際、全身を同様に前に出し、患側のふくらはぎに張りを感じるところまで伸展させます。その際重要なことは、踵を床につけておくことです。毎日10回、痛みのない範囲で行うことをお勧めします。

　傾斜面を使って（例：電話帳などと板を用いて作る）ストレッチングをすることも有効です。両足を40×50cmの大きさの板に乗せます（板の傾斜は25〜30°とします）。その際、踵が前足部よりも低くなるようにし（ストレッチングの時間は15分間まで）、その後5分間反対向きに乗って、緊張を緩和することをお勧めします（図2-17参照）。

トレーニングは痛みが出なくなってから再開すべきです。アキレス腱部分のエクササイズをした後には「Hot-Ice」で冷却し、続いて冷湿布でケアします。

サッカーのトレーニングでは、まず軟らかい地面（芝生）でスパイクではなくトレーニングシューズでプレーするのみとします。陸上競技では、スパイク、固い地面、タータンでのトレーニングはできるだけ少なくするようにします。タータンのコーティングの下には固い土台があり、ランニング時に身体に衝撃が返ってきてしまうからです。

アキレス腱に問題がある場合には、軟らかい砂地（砂浜）でのトレーニングも避けるべきです。踵が砂に沈み込みすぎるし、また地面を蹴るときに地面が十分に固くないため前足部が後ろに滑ってしまいます。これでは腱にいちじるしい負荷がかかってしまいます。

7-5 予　　防

アキレス腱に問題を抱えるサッカープレーヤーは、できるだけスパイクシューズを使わないことをお勧めします。

他のプレーヤーにアキレス腱を蹴られるのを防ぐためには、トレーニングや試合で、アキレス腱部分も保護されるようなレガースを着用します。

アキレス腱に障害がある場合は、できるだけ踵のクッションが高いシューズを使うようにします。ただし、足がシューズの中で動いてしまうようではいけません。踵はしっかりと落ち着き、確実に保護されるべきです。ヒールカップはソールにしっかりとつながっていて、踏み込むときに腱や滑走組織を圧迫しないように高すぎないこと。それに加えて、シューズはかたよって減っていたり履きつぶされているものを使うべきではありません。

慢性の炎症のときには、踵の部分が合成繊維で内張りされているスポーツシューズは履かない方がよいでしょう。皮膚に汗をかいたときに皮革のように吸収しないので、それも刺激の原因となる可能性があります。場合によっ

第2部　傷害各論

ては、専門店に皮で内張りしてもらうようにします。

下腿の筋力が低下したら、適切なエクササイズで強化します。

足のアラインメントの不良の場合、また足部の変形があったり足関節の動きが悪い場合は、理学療法士がマニュアルセラピーでできるだけよい状態にします。その後、義肢装具士に足に適合したインソールを入れてもらいます。

アドバイス	スポーツでは、できるだけ合成繊維100％のストッキングやソックスは履かないようにします。適切なのは洗っても変形しない木綿素材のものです。合成繊維のストッキングやソックスを履くと、皮膚の温度が変化し、それがとくにアキレス腱の障害のときには炎症を誘発するおそれがあります。

8 シンスプリント

脛骨のシンスプリントは、スポーツ傷害の中でも非常に苦痛をともなうものの1つで、試合やトレーニングができなくなることもあります。

これはほとんどの場合、脛骨の内側の下～中1/3に起ります。とくに、オーバーロード、下腿の筋の過労、不適切なシューズあるいはインソールでの歩行後に起りやすい障害です。

その場合、脛骨後面の深部の筋が緊張していて、回復すなわち緊張を緩和することができなくなっています。

もしも通常の歩行でも痛みが出る場合は、トレーニングは絶対に停止する必要があります。

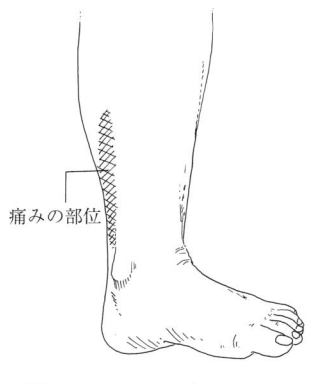

図2-18　シンスプリントの痛みの部位

8-1　症　状

特徴的なのは、素早いダッシュ、ランニング、ジャンプの間あるいは最中に、脛骨の前面、内面の際に強い痛みが出ることです。また、朝起きて立ち

上がったときにその部位に痛みが出るのも典型的な症状です。

つま先立ちでの歩行はほぼ不可能です。さらに、いちじるしい圧痛があり、場合によってはさわるだけで痛みが出ます。また、明らかな腫脹があり、そのため患部を指で軽く押したり、または、ソックスやストッキングの縁などの伸縮性の繊維で圧迫されると少しの間くぼみが残ります。

急性の炎症のときには、ストッキングやレガース等身体にぴったり合ったものが当たると痛いので着けていられません。また、下腿深部の筋も圧迫すると敏感に反応します。

8-2 原　　因

シンスプリントは、外傷的な原因（蹴られる、打撲）によって起ることもありますが、以下の原因によって起る場合もあります——オーバーロード、悪いランニングスタイル、不適切なシューズでのジョギング、足に合っていないインソール、仕立てや調整の不適切な足に合っていない足底板の使用などです。

下腿の筋や脛骨骨膜のオーバーロードは、次の原因によって生じます——かたよった強度が高すぎるトレーニング（例：登り坂）、長すぎる慣れないトレーニング、固い地面（アスファルト、タータン、コンクリート）でのトレーニング、高すぎるスパイクでのトレーニング、あるいは柔らかく弱くなったスポーツシューズでのトレーニング。

8-3 初期治療

アルコールを使った「Hot-Ice」で軽く圧迫包帯をします。またはアイスジャムをストッキングに入れ（「補助手段」の項参照）、患部の型に合わせて湿らせたタオルでくるみます。下腿を高挙してパックを弾性包帯で巻き、20分間冷却します。この治療を3～4回繰り返します。

その後、軟膏等を使って湿布をします。

8-4 その後の治療

　日中は、炎症をおさめるための治療を行います。氷水（「Hot-Ice」）に浸した弾性包帯をつま先から足関節さらに膝窩（しっか）まで巻き上げます。場合によっては包帯を上から氷水でさらに冷やします。楽な体勢で足を高挙し、身体の中心よりも高くなるようにします。

　例えば床に寝て足を椅子に乗せます。それからエクササイズとして、つま先を身体の方へ引きつけます（足関節の背屈）。その位置を7秒間保持し、次に脱力して10秒間休みます。これを10回反復して2分間休みます。これを全部で5セット行うとよいでしょう。

①足関節背屈位で7秒保持
②次に脱力して10秒
×10回＝1セット
2分休みを入れて5セット

↓
マッサージ
↓
3〜4日の圧迫包帯
消炎鎮痛剤

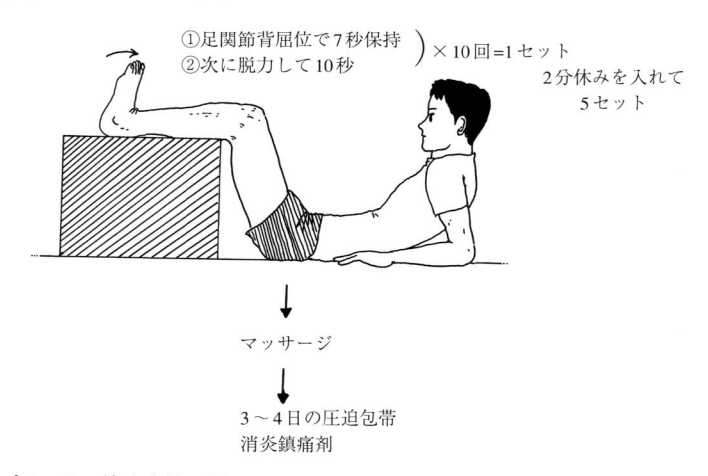

図2-19　シンスプリントの治療方法の例

　次に、足全体と下腿にマッサージオイルをすりこみ、下腿から大腿まで広い面を両手で心臓の方向に軽くさすります。

　それから3〜4日は軽く圧迫包帯をしておくべきです。その際患部に消炎鎮痛剤をしみこませたフォームラバーを当て、湿らせて冷蔵庫で冷やした弾性包帯（7.5cm幅）で軽く張力を持たせながら巻きます。さらに炎症を起こした骨膜に消炎鎮痛剤等を塗ることをお勧めします。あるいは入浴剤を使って下腿浴（15分間）を行います。

シューズやインソールのケアをすることで治癒を促進することができます。シューズはヒールカップがしっかりとしていて、衝撃吸収がよく、ソールが軟らかすぎないものがよいでしょう。また可能であれば踵の部分に衝撃吸収材を入れます。

8-5　予　　防

サッカーやアイスホッケーの場合は、レガースの装着は義務です。

脚全体の筋、とくに下腿の筋のストレッチングを定期的に行うようにします（「ウォーミングアップ／ストレッチング」の項参照）。

トレーニングや試合はできる限り軟らかい地面で行うようにします。スパイクの使用を控えます。サッカー選手はできるだけトレーニングシューズを使うようにし、陸上競技の選手はスパイクはタータンでのスプリントトレーニングのときにのみ使うようにします。その場合、カーブの頻度が高くならないようにします。

地面の急激な変更は避けます（例えば、サッカーにおいて、芝でトレーニングした後にタータンでランニングトレーニングをするなど）。とくに、よくトレーニングをつんだスポーツ選手の筋は非常に繊細に調整されているので、急に地面が変わると鋭敏に反応して緊張し、それによってシンスプリントの症状が進んでしまう場合があります。

◆アドバイス
○スポーツ選手は地面とシューズの変更に注意すべきです。
○強度の高いかたよったトレーニング負荷を受けた後には、下腿の筋の交替浴などをお勧めします。脚を膝の高さまで2分間温水（約36〜38℃）につけ、その後15秒間冷たい水道水に当てます。それを5〜6回繰り返します。温水に入浴剤を加えてもよいでしょう。
○ランニングスタイルを見直します：痛みがおさまったら、ランニングスタイルと歩行のフォームを鏡やビデオ撮影で点検しコントロールします。あるいはコーチやトレーナーに点検してもらい、必要があれば修正

第2部　傷害各論

してもらうとよいでしょう。
○ルール：つま先が外や内に向かないように、できるだけつま先をまっすぐ前に踏み出すようにします。また、足を強く弾ませるようにすると関節によけいな負荷がかかり機能をそこね、またエネルギーと推進力を大きくロスしてしまうので、足の着き方に注意します。とくにハイアーチの場合は注意を要します。

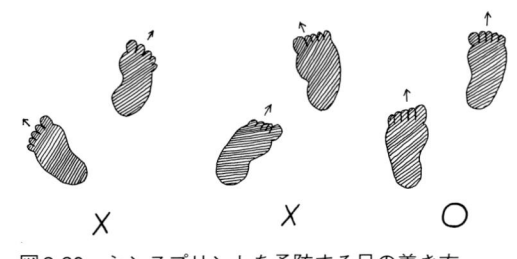

図2-20　シンスプリントを予防する足の着き方

○痛みが繰り返し起ったり、長引いたりしている場合には、医師の診察を受けるべきです。脛骨の痛みの原因が本当にシンスプリントなのか（例えば疲労骨折の可能性もある）、あるいは腰部に何か問題があるのか、専門家に確認してもらうべきです。

9 脛骨打撲

サッカー選手なら誰でも一度は、すねを蹴られてかなり痛い思いをしたことがあるでしょう。脛骨打撲は、はじめのうちは痛みは非常に強いのですが、比較的すぐに耐えられる程度におさまります。しかし処置をしないと数分後には、患部に大きな腫れが出てきます。専門的な正しい処置をしないと、結果的に、重大な問題――骨膜炎が起る可能性があります。医師の診察を受け、骨膜の剥離あるいは断裂によって骨膜の下で出血をしていないかどうか確認します。

9-1　症状／原因

蹴られたり打ったりした後、脛骨にきつい痛みがあります。脛骨打撲をしたということは骨膜が激しい炎症を起していることを意味します。というのは、この部位の骨膜はあまり軟部組織でしっかりとおおわれているわけではないからです。皮下出血は、圧痛の原因とはなりますが治りやすいものです。

それに対し骨と骨膜の間の出血は、非常に痛みが強く、筋を緊張させたときの痛みや圧痛が長引くことになります。

9-2 初期治療

「Hot-Ice」あるいはアイスジャム（「補助手段」の項参照）で冷やし、すぐに圧迫包帯をします。皮膚に傷がある場合には、まず傷を消毒します。

9-3 その後の治療

打撲で試合やプレーを中断しなくてはならないようなケースはあまりありません。それ以上できるかできないかは、本人が痛みのようすから判断します。ただし、後からきちんと「Hot-Ice」と圧迫包帯で治療を行うことが重要です。その後、冷湿布をします。皮膚に傷がある場合には、刺激の少ない外用薬で湿布をします。

9-4 予　防

サッカーやアイスホッケーの場合は、レガースの着用は義務です。

レガース
（すねあて）

サッカーでは必ずレガースを着用する

第5章 *Knie* 膝の傷害

1 膝関節の外傷

　人間の身体の関節の中で、スポーツで最も負荷を受けるのは膝関節です。膝関節はとてつもない圧力を受け、大きな力を伝えています。トレーニングをあまりつんでいない趣味でスポーツを楽しむアスリートはもちろんのこ

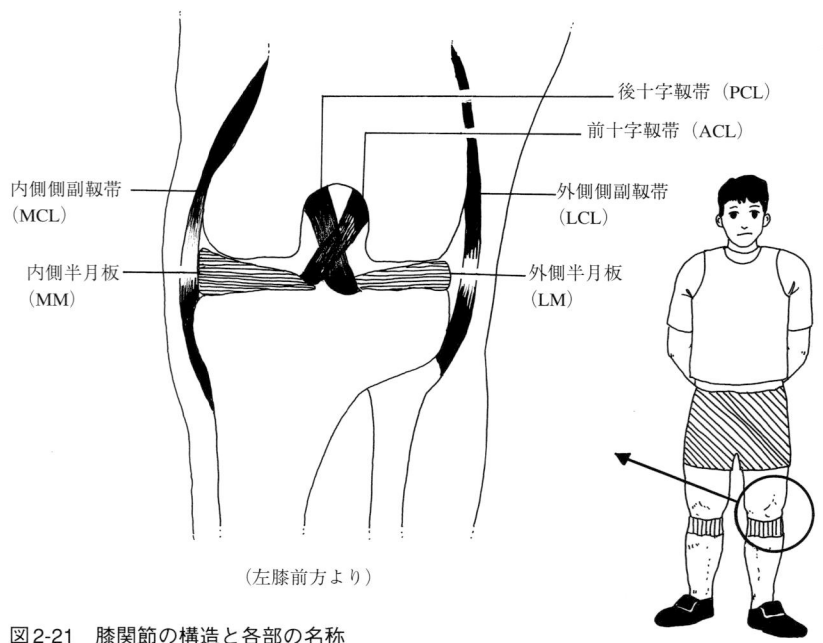

後十字靱帯（PCL）
前十字靱帯（ACL）
内側側副靱帯（MCL）
外側側副靱帯（LCL）
内側半月板（MM）
外側半月板（LM）

（左膝前方より）

図2-21　膝関節の構造と各部の名称

と、そしてまたプロスポーツ選手の場合でも、膝に過度の負荷がかかると傷害を起す危険性があります。膝関節の外傷は、あらゆる種目で増加傾向にあります。とくにサッカー、スキー、またその他の種目でも、重傷の傷害がますます増えてきています。例えば十字靱帯損傷などです。

膝は非常に複雑な関節です。ローリング、グライディング、回旋などのさまざまな動きを、場合によっては同時に実行することができます。そのように構造と運動が多様であるためにケガの危険性もまた高いのです。ケガをしやすいのは、内側・外側側副靱帯、前・後十字靱帯、内側・外側半月板、関節包、関節軟骨、膝蓋骨、膝蓋靱帯です。

一般的に、膝関節をケガしたときには、できるだけ早く医師の診察を受けるべきです。

1-1 症　状

損傷によって、程度に違いはあるものの、強い痛みが生じます。関節内部、関節包・靱帯機構、膝窩部、膝蓋骨に痛みが出ます。また、関節のブロッキングや膝関節の不安定性（膝崩れ）が生じることもあります。腫れてきて、圧迫感が増大する場合もあります。

ケガの後、痛みがすぐに引いたようなときでも、膝関節の外傷は決して甘く見てはいけません。例えば内側側副靱帯損傷は、受傷時には非常に痛みが強いものですが、数分後には落ち着いて、たいしたことは起らなかったように感じてしまうことがあります。

1-2 原　因

膝の外傷の原因としては、打撲、人との衝突、転倒など、外部からの無理な機械的な力が作用することが挙げられますが、ほかにも、趣味のスポーツマンの場合では、コンディション不足があります。趣味のスポーツマンの多くは、自分と自分の筋力を過大評価していることが多く、そのためよくトレーニングをつんだプロ選手よりもケガの危険性が高いのです。

筋が疲労するにつれ、ケガの危険性も高まります。タックルをかけられたりしたときに、外力があまりに大きいと、筋が十分に働かず、靱帯だけでは関節を安定させきれなくなります。また全力でのランニングなどで、外力の

作用なしに自分の動きだけで十字靱帯が切れてしまうようなこともあります。

　サッカーでも膝の外傷は増加してきていますが、それについては、サッカーにおいて、とくにプロの体力面のレベルがより高まってきているためと考えられます。
　また、スキーでも膝をケガする率が高まってきています。それは、スキーシューズの丈がかなり高くなってきて、足首が完全に固定され、脚へかかる力が膝により集中するようになってきたためと考えられます。
　その他の原因としては、全身状態の不良、膝のケガの後遺症などが挙げられます。

1-3　初期治療

　医療機関に行って診断やその後の処置を受けることができる場合、ケガとしてはさまざまな可能性が考えられますが、まず以下のようにすることが望ましい行動です。
　膝関節は決して抵抗に対して曲げ伸ばしをしてはいけません。ケガをした膝はできるだけ痛みのない肢位で、軽く曲げて、身体の中心よりも高く挙げておきます（あお向けに寝るなど）。
　「Hot-Ice」またはアイスジャムで冷却し（「補助手段」の項参照）、軽く圧迫して（氷水を含ませたスポンジまたはフォームラバーを下に入れて）巻きます。包帯は広い面に巻くようにします——下腿の真ん中から大腿の真ん中あたりまで巻きます。重要なのは、膝関節を完全に覆うことと、関節全体を一様に冷却することです。冷やしすぎになっても、冷却不足になってもいけません。均等に冷却することが理想です。

> **重要**　包帯は範囲がせまくなりすぎてはいけません。膝が締め付けられ、血流やリンパの流れが滞り、下腿が腫れてしまうおそれがあります。

　絶対にビニールなどでおおってはいけません。熱の放出が妨げられてしまいます。
　約3時間徹底的に持続的に冷却した後は、湿布包帯を開始します。基本的には、膝関節の外傷で擦り傷や裂傷がある場合には、まず皮膚を処置して細菌などの感染を防ぐようにしなくてはなりません。
　開放創には消毒などの一連の適切な処置をします。消毒薬が手元にない場

合には、包帯を巻く前に、傷をきれいな水で（あまり強すぎない水流で）洗浄し清潔にします。けっして傷を湿った布や脱脂綿でこすったり、ビニールでカバーしたりしてはいけません。

1-4 その後の治療

応急処置で関節を冷却した後は、冷湿布をして、軽く圧迫包帯を巻きます。あるいは包帯用脱脂綿かガーゼを適切な大きさに切り、水で湿らせ、その上に軟膏をへらで塗り伸ばします。それを患部に載せ伸縮包帯などで巻き、8時間おきに取り替えます。

◆投　　薬

可能であれば、医師の診察を受けに行くまでは、鎮痛剤の服用は避けるべきです。というのは、患者が痛みをどう表現するかも診断の際の手がかりとなるためです。

◆ギプスとシーネによる固定

以前は、通常2週間以上のギプス固定を行っていました。6週間以上におよぶこともありました。現在では、固定に関する考え方が以前とかなり変わってきており、われわれは急性症状がおさまったら、もともとの機能をできるだけ早く元通りに回復させる、という立場をとっています（早期の機能回復を目標とする）。

今日では、固定にはギプスとは別の手段があります。固定すると同時にアスレティックトレーナーの指導の下でコントロールしてトレーニングを再開することができるようなことです。調節可能なシーネを装着することによって、負傷した膝はほぼ完全にサポートされ固定されます。あるいは、ケガの程度や回復段階に応じて、伸展屈曲の制限を段階的に解除していくことができきます。

ただし、危険もあります。シーネは留め金で固定されているだけなので、例えば、軽率な患者が自分でシーネをはずして、シャワーを浴びに行ったりすることがあります。このようなことは、滑って転んだりする可能性が高く、非常に危険です。

第2部　傷害各論

◆ギプス

　すぐれた包帯素材や補助器具の発達にともなって、ギプス包帯の適用は過去のものとなりましたが、ケースによっては（例：膝関節内側側副靱帯損傷あるいは距腿関節の靱帯損傷）、ギプスで短期間（10〜14日）完全に固定することが有用であると考えています。固定によって、損傷した組織が理想的な機能位置で癒合することが可能となります。一方ではよりよい治癒が期待でき、また他方で筋力をあまり失わなくてすむのです。

1-5　その後の治療／リハビリテーション

　膝の外傷は全て徹底的に治さなくてはなりません。家やフィットネスセンターで砂のうや筋力トレーニングマシンを使って自己流の治療（リハビリテーション）をすべきではありません。膝の外傷の後は、基本的に医師の判断でリハビリテーショントレーニングを開始し、経験豊かなトレーナーの指導・監督の下で行うべきです。

　かりに損傷した膝関節の炎症がおさまり、もう運動痛がなく、関節包に腫れがなく、血腫もなく、熱感もなくなっていたとしても、だからといって関節に完全に負荷がかけられるようになったという意味ではありません。

　まず第一に、適切なトレーニングによって、もとの筋力ともとの周径を回復させることを目標とします。そのためには、膝蓋骨上端から5cm、10cmの位置の大腿の周径を両脚とも測定し、健側と患側とを比較します。

　トレーニング目標がおおよそ達成され、健側と患側の大腿周径の

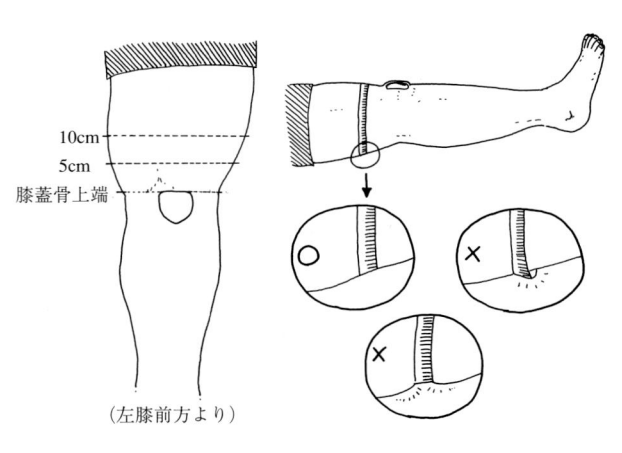

図2-22　大腿の周径の測り方

第5章　膝の傷害

差が0.5cm程度となったら、ランニングトレーニングを許可します。ただしその前に、水中ジョギングや自転車エルゴメータでトレーニングを開始することも可能です。

リハビリテーショントレーニングの後は、また少しでもオーバーロードがかかった可能性があると思ったら、毎日「Hot-Ice」治療（「補助手段」の項参照）をすることをお勧めします。痛みが再発した場合には、医師の診察を受けるべきです。

痛みは当然のことながら、身体の発する警告です。トレーニングや試合を再開するための許可の基準となるのは、上記の内容とならんで、膝関節に痛みが全くないことです。

> **重要**　膝関節のバンデージは、絶対に必要なとき以外、長くし続けるべきではありません。筋力と安定性の感覚が完全に戻り、関節への信頼感が回復したら、補助具によるサポートはやめるべきです。

2　筋萎縮
きん　いしゅく

患側をギプス固定している場合でも、アイソメトリックのエクササイズによって筋萎縮を防ぐことができます。大腿を約7秒間緊張させ、そのあと10秒間緊張をゆるめます。これを筋が疲労するまで繰り返します。2分間休憩後、このセットを繰り返します。

以前は、ギプス固定を6週間した後、周径は4cm以上低下しているケースもありました。今日では治療法が変わったことで（14日間ギプス固定、次いで4週間の可動性のシーネまたは相応のバンデージ）、だいたい1.5～2cm程度の低下におさまるようになりました。

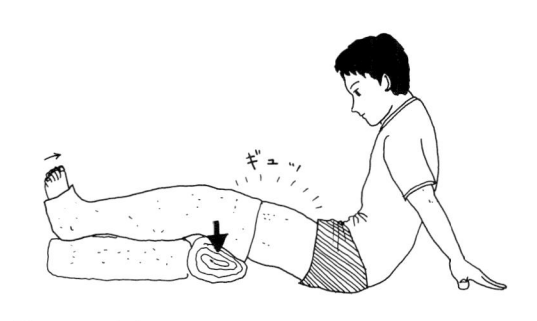

図2-23　ギプスをしてのアイソメトリックエクササイズ

第2部　傷害各論

3　血　腫

　リハビリテーション段階で膝関節が腫れたら、負荷強度を落とすべきです。さらに、膝関節を高挙し、「Hot-Ice」包帯を巻きます。痛みのない範囲で軽い運動を行い、それによって膝の内部を冷却します。そうすることで外からの冷却によって関節液が引き、関節内部の粘膜を冷却し鎮静させます。

　それ以外、日中は基本的に冷湿布をしておきます。

> **注意**　関節がいちじるしく腫れ上がり、圧迫感が増し、発熱したら、これらは炎症の兆候です。絶対に医師の診察を受けるべきです。それに対して腫れていても熱が出ていない場合は、機械的に起きた反応であることを示唆します。

3-1　予　防

　自分の身体とは慎重につきあうようにすべきです。スポーツ選手の身体は、若い頃は多少無理をしたり間違ったことをしていてもそれを何とか許容しているように見えます。しかし年がたつにつれ、健康といい加減につきあってきたことのツケが回ってくることとなるのです。とくに筋の部分にケガの危険性が高まります。その報いとしてパフォーマンスが低下するばかりでなく、筋と身体のケアのために、柔軟性や可動性、筋力低下をわざわざ投資して埋め合わせをしなければならなくなります。常によいトレーニング状態でいるよう心がけるべきです。

　ケガの危険を小さくするには、トレーニングの遅れを取り戻し、また筋力強化のトレーニングをした後には十分に疲労を回復します。また、個々の筋群の強化が必要です。とくに重要なのは、関節を安定させる筋です。例えば、内側側副靱帯がゆるい場合には内側広筋、外側側副靱帯がゆるい場合には大腿二頭筋をとくに強化します。

　スポーツ活動を開始する前には必ず10〜15分間のウォーミングアップとストレッチングを行うようにします（「ウォーミングアップ／ストレッチング」の項参照）。これは、スキーや山歩きを趣味で行うスポーツマンにも言

第5章　膝の傷害

えることです。そのようなスポーツ愛好者でも、これから慣れない負荷を受けるわけですから、それに備えて筋と関節に準備をさせなくてはなりません。

アドバイス 試合前日には特別な筋力トレーニングは行わないようにしましょう。

4 関節炎

　競技スポーツ選手の中には、後年になって運動時に膝関節が痛むのを感じる人もたくさんいます。何年もの間、高い負荷を受け続けてきた（トレーニングと試合）結果、障害が進行して症状があらわれるようになるのです。たいていの場合、障害は軟骨に生じます。そしてしばしばそれが変形性関節炎のはじまりとなります。

【有効なこと】
○大腿の筋力強化……自転車エルゴメータ（20分）、坂登（例：トレッドミルで15°の上りを20分間以上）。
○軽度のO脚あるいはX脚の場合は、足底板で脚の軸の調整（例：O脚の場合は外側縁を4mm高くする）。
○インソール、柔らかいソール、エアクッション入りのシューズ、エアクッションのソールなど。

5 膝蓋骨脱臼

　膝蓋骨がその溝からはずれると、見た目の印象が非常に衝撃的なので、負傷者は膝全体に重大なケガを負ったと感じるものです。膝蓋骨は膝の神経筋反応の動きですぐにもとの位置に戻りますが、関節包や関節軟骨が二次的に損傷している可能性があるので、すぐに医師の診察を受けに行くべきです。

5-1 症　　状

　膝関節に強烈な痛みを感じ、動かせなくなります。膝関節の輪郭と形がいちじるしく変わり、膝蓋骨が膝の横にきます。見ても触っても明らかです。

5-2 原　　因

膝蓋骨に内側から横方向に外力がかかった場合に起ります。ほとんどが転倒か、膝を曲げた状態で大腿前面の筋（大腿四頭筋）が緊張していない状態で外力がかかることによって起ります。また脱臼は、もともとの体型、骨の形態などの素因によって起りやい場合もあります。例えば、膝蓋骨が小さすぎる、あるいは大腿骨の関節窩に対し高い位置にある、あるいは大腿骨の溝が浅いといった素因です。

5-3 初期治療

膝蓋骨がすぐにもとの位置に戻っても、スポーツ活動は中断し、医師の診察を受けるべきです。膝関節は伸展位で保持し、屈曲しようとしてはいけません。「Hot-Ice」または冷水で冷却し（「補助手段」の項参照）、軽い圧迫包帯のみとします。

膝蓋骨がすぐには戻らない場合は、素人が戻そうと試みては絶対にいけません。たんに膝関節を「Hot-Ice」で慎重に冷やすのみとし、包帯は巻かず、圧迫包帯はしないでおきます。

5-4 その後の治療

これについては医師が判断します。重要なのは、トレーナーの指導で大腿の筋を念入りに強化することです。とくに長くトレーニングを中止した後、あるいは手術の後（何回も繰り返し脱臼する場合は手術が必要になる）には、筋力を十分に回復させることが重要です。スポーツ活動を再開するのは、大腿の筋力と周径が患側と健側とでほぼ同じになってからにすべきです。大腿伸筋（大腿四頭筋）の筋のアンバランスをなくすよう心がけます。大腿の周径は医師が測定します。

膝関節のバンデージで膝蓋骨を安定させることによって、より安心感を得ることができます。ただしそれに慣れてしまってはいけません。大腿の筋群を十分にトレーニングしてよい機能を回復することこそが重要なのです。

アドバイス　問題が続く場合は、スポーツ種目の変更を検討すべきです。

第6章 *Hüfte* 鼠径部の傷害

1 鼠径部の外傷・障害

　鼠径部は、私たちの身体の中でも最も弱い部位の一つです。保護されていない状態で、骨盤の前部から恥骨にいたっています。そのため、スポーツではとくに傷害を負いやすい部位です。ダッシュ、長めのスプリント、あるいはキック（サッカー）などは、鼠径部に過剰な負荷となり、その結果、実にさまざまな損傷が起る可能性があります。

　とくに腹直筋、腹斜筋や内転筋に張り、こわばり、過伸展があったときに、甘く見たり、間違った対応をしてしまったりすると、重大な鼠径部の傷害にいたる可能性があります。このようなことになると、回復には長時間を要するようになります。例えば、鼠径膨化、鼠径ヘルニア（スポーツヘルニア）、内転筋肉離れなどです。そしてその他のさまざまな部位の二次傷害が起りえます。また、鼠径部や内転筋の傷害は、他の原因によって引き起される場合もあります。例えば、股関節や腰などの問題が鼠径部の痛みとなってあらわれることもあります。

　素人には、鼠径部の痛みの自己診断は不可能です。正確な診断と治療のプランは、医師と経験豊かなトレーナーとともに確認して立てるようにしましょう。

1-1 症　状

　鼠径部や腹筋によく感じられる違和感としては、突っ張り感、焼け付くような痛み、刺すような痛みがあります。程度や原因によっては、内転筋（大

111

第2部　傷害各論

腿の内側にある筋群）の痛みがあります。常に痛みをともなうわけではないものの股関節部に運動制限が生じる場合もあります。腰椎あるいは仙腸関節、股関節、鼠径部周辺、ときにはさらに内転筋にまで痛みが放散します。

　鼠径部の傷害として典型的なのは、素早い動き、スプリント、キック、あるいは開脚動作の際に、先ほど挙げた部位に激しい痛みが出ることです。それにともないかばう動作が目立つようになります（スプリントやキックのときに反射的に身体が前傾してしまうなど）。持久的なトレーニングでは、通常、痛みは全くあるいはほとんど生じません。

　これらの徴候があらわれるのはとくにいわゆる鼠径膨化の場合です。これ

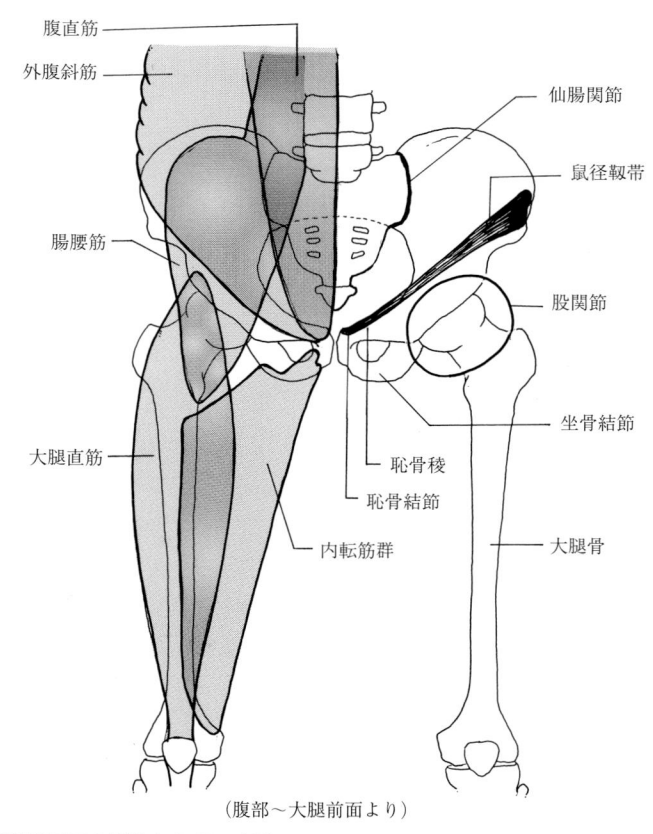

図2-24　鼠径部周囲の構造と各部の名称

は、鼠径ヘルニアの初期段階ともいわれます。腹斜筋とその一部である平らな腱が弱まること（傷害および体質的な要因による）によって、鼠径輪が広がってしまいます。腹筋が強く緊張するとき、また腹圧が高まったとき（例：スプリント、キック）、股関節の屈曲時に、恥骨部周囲の強い痛みが起ります。咳やくしゃみのときにも鼠径部にいちじるしい痛みが起る場合があります。

　鼠径ヘルニアの場合には、腹圧が高まると、弱まった部分または広がった鼠径輪から腹膜が外に出てしまいます。このようなときに、くしゃみやキックをすることで腹膜が挟み込まれ、それによって痛みが生じるのです。

1-2　原　　因

　サッカー、ハンドボール、テニス、バレーボール、アイスホッケー、スピードスケート、陸上の短距離、中距離などの種目で、トレーニングや試合で高い負荷がかかった後の回復時間が短すぎる場合に起ります。

　また、以下のようなものも原因として考えられます。
○かたよったトレーニング、間違った腹筋トレーニング（P.117の写真参照）によって、腹筋や内転筋に過度の負荷がかかる、あるいは傷害を負うといったことも原因となります。
○地面の変更──例えば軟らかい地面から固い地面への変化、あるいは慣れない体育館の床でのトレーニング。
○ウォーミングアップやストレッチングが不十分。
○バスや飛行機での移動で、よくない姿勢で長時間座り続けること。
○腹筋の筋力低下。結合組織の脆弱化。股関節屈筋の短縮。骨盤の傾きにともなう脚長差。腰椎、仙腸関節、股関節の障害や機能障害。

　鼠径部の障害は、体内の炎症が原因となって起る場合もあります（例：歯根炎、扁桃腺炎、副鼻腔炎、前立腺炎、睾丸炎）。脚の細菌感染による炎症、例えば擦り傷、細菌に感染した水疱や血腫があると、股関節の屈曲時にリンパ節の腫れが出ます。場合によっては抗生物質による治療が必要となります。

1-3 初期処置

スポーツ選手は軽い突っ張りを感じたら、場合によってはスポーツ活動を少し落とします。重要なのは、まず痛みのない範囲での慎重なストレッチングです（「ウォーミングアップ／ストレッチング」の項参照）。痛みが増したら、ただちに「Hot-Ice」で15～20分間冷却します（スポンジか布を氷水に浸し、障害のある部位に当てます）。

痛みが背部から放散してくる場合には、湿布などを腰部に当てて痛みを和らげます。痛みが強かったり、何度も繰り返すような場合には、医師の診察を受けることが必要です！　勧められた治療を忠実に守り、トレーニングの再開が早過ぎにならないようにしましょう。まず何よりも鼠径部の痛みがおさまるまでは、積極的な腹筋のトレーニングは避けること！　腹筋トレーニングを行うと鼠径部が刺激されてしまいます。

腹筋や内転筋の機能障害や肉離れが診断されたら、それぞれの治療をとり入れるべきです（「筋の機能障害」「肉離れ」の項参照）。筋の硬化の場合にはその関連の章で述べたケアをお勧めします。

◆投　　薬

鎮痛剤は有効ではありません。痛みに対する医師の正確な診断をした上での処方が必要です。

1-4 その後の治療

筋の硬化が原因となって起った鼠径部の障害は、患部の血行をよくし、緊張をゆるめるために、入浴などでケアをします。入浴剤を使用するとさらに効果的です。

その後、痛みのない範囲で静的なストレッチングを行うとよいでしょう（以下のページの写真参照）。

夜間は、腹筋あるいは内転筋に湿布をして緊張を緩和させます。ガーゼや脱脂綿、バンデージなどを湿らせ、軟膏を多めに塗って、患部に当てる方法もあります。それを弾性包帯やガーゼの包帯で巻いてテープで固定します。

鼠径部の障害が背部からきている場合には、問題となっている腰部にホットパックを使います（「補助手段」の項参照）。

第6章　鼠径部の傷害

■股関節屈曲の腹筋のトレーニング
①あお向けの状態から開始。②手でパートナーの足首をつかみ、股関節と膝関節を90°に屈曲する。③腹筋を緊張させて骨盤を床から持ち上げる。
※時間はトレーニング状態によって決めます。

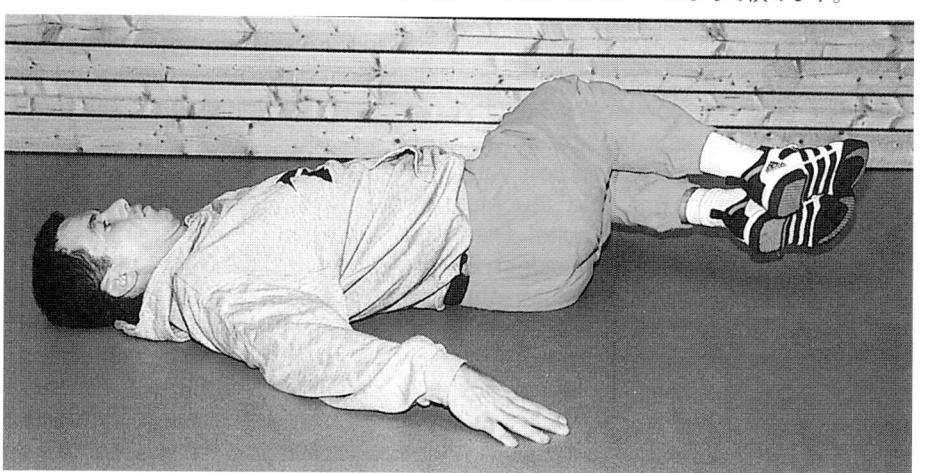

■腹斜筋のエクササイズ1
①あお向けの状態から開始。②腕を広げて身体を安定させる。③両脚を屈曲させてそろえ、交互に左右に倒し、床から引き上げる。
※時間はトレーニング状態によって決めます。

■腹斜筋のエクササイズ2
　①両脚をそろえてまっすぐに固定する。②上体を起して毎回肘を膝にふれる。
※時間はトレーニング状態によって決めます。

■腹筋全体のエクササイズ
　①膝関節を曲げた状態で股関節を屈曲し、上体をまっすぐにして手は耳に当てる。②脚を浮かした状態で残し、上体を起す。

第6章　鼠径部の傷害

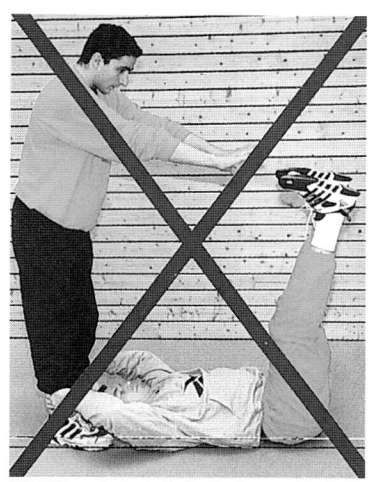

■間違ったエクササイズ──パートナーが脚を後方に倒す

■間違ったエクササイズ──V字腹筋

※これらは、脚の重みや、さらにその反動によって増強された負荷を腰椎が前弯することで受けてしまうため、過度で不適切な負荷がかかることになる。

　痛みが強く長引いている場合には、経験豊富な理学療法士の治療を受けるようにします。徒手療法、背部・臀部・大腿のマッサージ、入浴、超音波治療、場合によっては水中マッサージなどを適用します。

◆手　　術

　私たちはルールとして、鼠径部の障害の場合は全て極力保存療法で治療し手術は避けるようにしています。2～3か月たっても痛みが消えず、治療をしても改善が見られない場合にはじめて手術を行うことを考えます。私たちはShouldice法が最前の手術方法であると考えています。最近の縫合技術の進歩により、数年前と比較してリハビリテーションにかかる期間がはるかに短くてすむようになってきています。手術は外来で局所麻酔で実施されます。つまり、患者は、手術当日に歩いて帰宅できます。4日目からは、ランニングトレーニングを再開できます。通常、10日目か、遅くとも14日目には、完全に負荷をかけられるようになります。

※訳注：日本の場合はこのリハビリテーションを慎重により時間をかけて行っています。

1-5　予　　防

　よく使う筋群全てに、毎回徹底してウォーミングアップを行います。腹筋

のトレーニングを正しく行うようにします。理想的なエクササイズについては、P.115～116の写真と説明を参照してください。

　滑りやすい床の上ではトレーニングをしないようにしましょう。また、適切なシューズを履くようにし、トレーニングにはスパイクはできるだけ使わないようにします。さらに、体育館ではできるだけ衝撃吸収機能の高いシューズを選ぶようにしましょう。

　トレーニングやスポーツの後は、約38℃のお湯で入浴して、疲労回復を図るようにしましょう。

　身体の衛生を心がけましょう。水虫を避けるようにします（場合によっては鼠径部のリンパ節の腫れに発展する可能性があります）──浴室用のサンダルを履き、シャワーの後にはとくに足の指の間を入念に乾燥させるようにしましょう。ソックスは毎日取り替えること！

　鼠径部の障害は非常にやっかいで克服するのが困難な問題ではありますが、そのために全てのスポーツ選手が守るべきトレーニングや試合前のルールがあります。ウォーミングアップ、ストレッチング、体操には20分間かけるようにしましょう。そうすることで、身体の準備ができます。

第7章 *Wirbelsäule* 腰部・頸部の傷害

1 腰部の痛み／坐骨神経痛

　腰椎がはたさなくてはならない仕事、そしてはたすことができることは、信じがたいほどのものです。スポーツにおいては、ときには瞬間的に1トンもの負荷を受けることもあります。その際、脊柱は、身体の軸として極度の要求を受けることになります。

　腰椎部が機能不全や変性を起すと、腰部にさまざまな強度の痛みが感じられ、それが他の部位へも放散するようになることがあります。また、腰痛は、現代社会に蔓延する運動不足のあらわれでもあります。

1-1 症　状

　痛みが出て、さまざまな面での運動が突然制限されます（例：体幹の前屈、側屈、捻り）。たいてい、突っ張るような痛み、刺すような痛み、あるいは引きつるような痛みが出て、それが鼠径部（下腹部）、臀部、脚に放散します。しかし痛みの中心は移動し、局限しにくいことも多くあります。

　動くのがやっとで、それ以上の痛みを防ぐためにこわばったかばう姿勢をとるのが典型的な症状です。急性のケースでは、何かに支えられないと立つことも困難になります。一般的に、動けなくなるような急性の痛みは「ぎっくり腰」と呼ばれ、脚（後面）に放散する強い痛みがある場合には「坐骨神経痛」と呼ばれます。

> **注　意**　脚に感覚麻痺、筋の萎縮、麻痺が出た場合には、すぐに医師の診察を受けるようにしましょう。

◆ぎっくり腰の症状

　困難な動きを無理にしたとき、あるいは急な動きをした際、例えば背中を曲げて何かを持ち上げながら捻ったようなときに、急に腰部に鋭く激しい痛みを感じ、ほとんど動けなくなってしまいます（雷に打たれたような衝撃を受け、その姿勢から動くことができなくなります）。

　この傷害は、強い負荷や長時間の負荷を受けた後に起ることもあります。また、風にさらされて身体が冷えることで誘発されることも十分にありえます。

◆椎間板ヘルニアの症状

　腰部から脚を通って足先まで痛みが放散します。患者は「痛みの通り道」を指でたどって示すことができます（例：腰 → 臀部 → 大腿外面 → 下腿外面 → 足外面）。痛みを指でたどれるようなら、それで椎間板ヘルニアだと判断することができます。咳をしたり腹腔内の圧力が高まると痛みが増します。

　素人の場合、次のテストを手がかりとすることができます。

　患者の上体を痛みのない方に倒させて、痛みが増すかどうかを見ます。痛みが増したら椎間板ヘルニアを示唆します。

1-2　腰部痛の原因

【おもな原因】
○脊椎、椎間板への不適切な負荷、オーバーロード、椎間関節の変性。
○骨盤・脊柱のアライメント不良。
○腹筋・背筋の筋力低下、筋の短縮、筋の傷害。
○足のアライメント不良。

【その他の原因】
○外力の作用、過度の動き（例：円盤投げ、ゴルフ、トランポリン、飛び込みなど）。
○間違ったテクニック（例：テニスでそりすぎた状態からのサーブ、重い物を腰を使って持ち上げるなど）。
○風にさらされて身体が冷える、過度の冷却（とくに発汗の後）も腰痛の原因となりえます。

第7章　腰部・頸部の傷害

1-3 初期治療

　ほとんどの場合、数日休んで保護することで痛みはおさまります。休む際には、とくにあお向けに寝て下腿を何か（例：椅子、クッションなど）に乗せ、股関節と膝関節がほぼ直角に曲がるような肢位をとります。

　腰部の痛みには温熱が有効です。温水（37～39℃）に、血行を促進する入浴剤を加えるとよいでしょう。次に湿熱の湿布をします。例としては「ファイヤーパック」（P.13参照）で20～30分温めます。

　温熱効果をさらに高めるためには、痛む部位にあらかじめ熱を発生させる薬を塗っておくという方法もあります。

　その他の手段としては、痛む部位への赤外線ランプの照射があります。椅子に座り、湿ったタオルを背に当て、それを大きな乾いたタオルでくるみ、腰の周りに固定します。赤外線は30～40cmの距離から背に当て、約20分間温熱を加えます。温熱療法の後には、P.123の写真とその説明のように、背中をストレッチングしてゆるめます。

　夜間は、痛む部位に温湿布をします。痛む部位に軟膏をすりこむ方法もあります。

> **重要**　できるだけよい安静姿勢をとることが重要です。下腿を何かに乗せ、股関節と膝関節がほぼ直角になるようにします。パックをする場合は、温かさを感じなくなるまで当てておきます。その後、シャワーで洗い、温かく着込んでおきます。

【アドバイス】

　温熱療法の後には、皮膚は基本的にふいて乾かします。汗をふき、風にさらされるのを防ぎます。痛む部位には、できるだけ木綿の服かサポーターを着用して、得た熱を逃がさないようにします。湿って寒く風がある気候のときにジョギングをするような場合に、効果的に保護するには、ネオプレーン製のコルセットの着用をお勧めします。その際には、衛生と皮膚の保護のため木綿の下着を着用するようにしましょう。

> **注意**　これらの手段を数日間実行して改善が見られない場合は、医師の診察を受けるべきです。しびれや感覚麻痺が出たときも診察を受けるべきです。急性の腰部痛のときは、素人が痛む部位をマッサージしてはいけません。

121

1-4 その後の治療

　温熱を使った後は、痛みなく動かせる範囲を広げるため、筋を伸展させリラックスさせるために、軽い体操からはじめます。前に図示した体操と並んで、次のような捻りのストレッチングが有効です。

◇あお向けに寝てのストレッチング……あお向けに寝て膝関節を曲げ、両足を床につきます。膝をできるだけ引きつけ、左へ、次に右へ、床の上に倒します。そのとき頭は反対のサイドに捻ります（休みを入れながら

あお向けに寝て　　　　椅子に座って

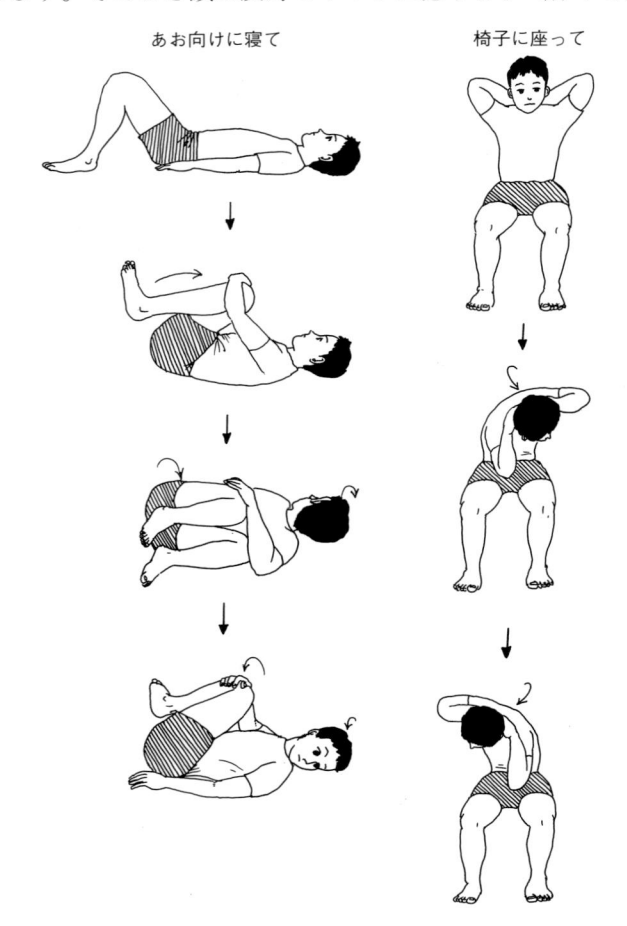

図2-25　腰の捻りのストレッチング

10〜15回)。

◇椅子に座ってのストレッチング……両手を首の後ろで組み、右の肘関節を左膝へ持っていきます。同じように左肘を右膝に持っていきます。

また、ぶら下がることによる腰椎のストレッチングも有効です。そして脚を軽くペダルこぎのように動かします。ただし、そのときに痛みが出たらぶら下がりは中止すべきです。

注意	家庭用のぶら下がり器具の使用には注意を要します。これは必ずトレーナーや理学療法士の指導のもとで使用すべきです。
重要	エクササイズは全て、必ず痛みのない範囲で、筋が疲労するまで行います。筋がふるえだしたら疲労に達したということなので、そこでエクササイズは終えます。痛みがなくなったら、背筋、腹筋の安定性強化のためのエクササイズに移ることができます。

■ゆりかごエクササイズでの脊椎の各セグメントのリラックスと背筋のストレッチング
　①膝を胸に引きつけ、下腿を両手で抱え込む。②上体を大腿に押しつけ、頭を膝に近づける。③股関節を動かさずに、背中でゆりかごをする。
※約10〜15回。

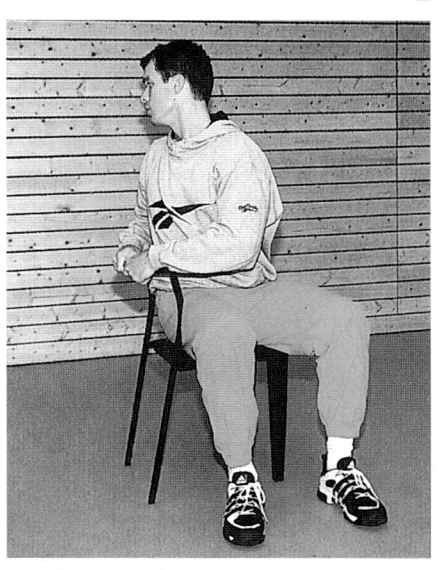

■腰椎と胸椎下部の可動性
　①背もたれのついた椅子に座り、両脚をいくらか開く。②腕の力を使って上体を骨盤に対して捻る。その際両手で椅子の肘掛けをしっかりと持つこと。
※エクササイズは両方向行い、5〜10回繰り返す。

第2部　傷害各論

◆エクササイズ1

あお向けに寝て、つま先を上に起します。

両脚は、股関節から下に向かって押すように伸ばします。両腕は頭上に伸ばし、上に押します。もっと力を入れるためには、両手で壁やタンスを押します。約7〜10秒保持し、次に7〜10秒ゆるめます。これを8〜10回繰り返します。

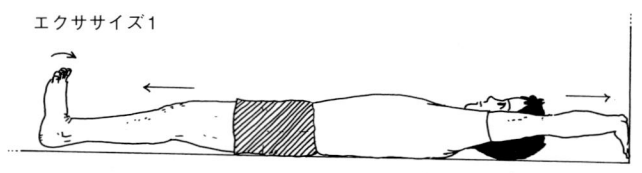

エクササイズ1

（約7〜10秒保持後、7〜10秒ゆるめる。これを8〜10回）

◆エクササイズ2

両脚の踵を床に押しつけます。つま先は起します。

両腕は、頭の横の床におき、下に向かって押します。エクササイズの間は、腕を外向きに捻って、手のひらが下を向くようにします。

頭を持ち上げ、その姿勢を約7〜10秒保持します。次に休みを少しとって（7〜10秒ゆるめる）、8〜10回繰り返します。

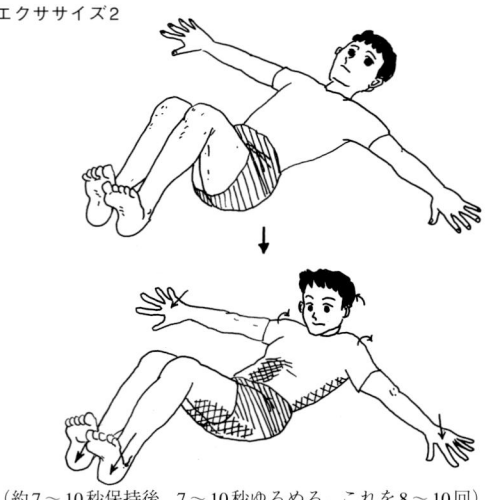

エクササイズ2

（約7〜10秒保持後、7〜10秒ゆるめる。これを8〜10回）

◆エクササイズ3──**腰椎の可動性**

四つ足から、猫背に起き上がっていって、もとの姿勢に戻ります。これを8〜10回繰り返します。

時間があってプールで十分な場所がある場合、できるだけ毎日400〜600

第7章　腰部・頸部の傷害

m背泳ぎで泳ぐようにします。ただし、心地よい水温で泳ぐようにしましょう（少なくとも28℃以上）。冷たく感じるような水温は筋の短縮を招くので望ましくありません。また、平泳ぎは、首を持ち上げ、キックのときに腰椎が反ってしまうので、やめましょう。椎間板と椎間関節に生理的に不適切な負荷がかかってしまいます。

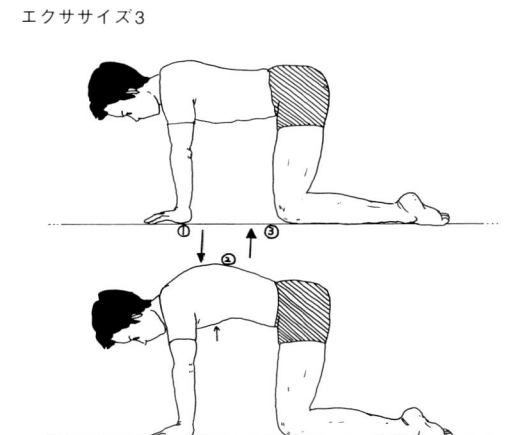

エクササイズ3

①→②→③を8〜10回

アドバイス　水泳の後は、すぐに着替えて髪も乾かします。髪が湿って水がたれているようだと、首の部分が濡れて冷え、首の筋が硬直してしまいます。

1-5　予　防

腰部痛の場合も他と同じように、治療よりも予防の方が簡単です。

◆トレーニング

毎日の体操で、脊椎の可動性を改善します。よく鍛え上げられた筋は、ハードワークをする腰部のための最高のサポートとなります。しかし筋力トレーニングには注意が必要です。正しい方法で行うよう心がけます。重い物は曲げた腰を起すことで持ち上げようとしてはいけません。膝を曲げて、腰椎を起して固定し、脚を使ってスクワットの要領で持ち上げるようにします。

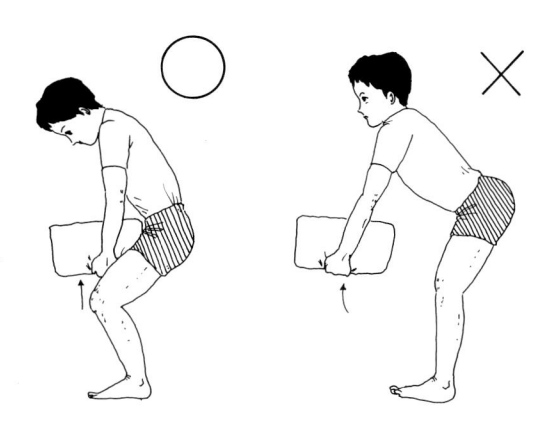

図2-26　重い物の持ち上げ方

◆姿　勢

　悪い姿勢は、椎間板ヘルニアを起す最大の素因です。姿勢はよくするように心がけましょう。とくに座るときの姿勢に注意します。理想的なのは「ネガティブ」なシットポジションです。座る面を、前に向けてスポンジのくさび形クッション（理学療法室で使用されているようなもの）を使って斜めにします。そうすると必然的に、座っているときに背筋で姿勢を保たなくてはなりません。

　座る姿勢を改善するには、ほかにバランスボールに座る方法があります。

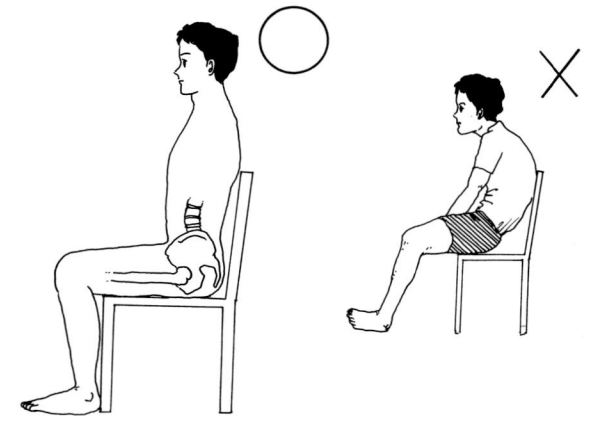

図2-27　理想的な姿勢と悪い例

◆体　重

　過体重は避けましょう！体重過多の人は、自分がどれほどの余分な重量を運んでいるのかをはっきり認識すべきです。

図2-28　バランスボールによる姿勢の改善

◆服　装

　雨の日は、雨と風を防ぐウエアを着用すべきです。ただし同時に汗は吸収するものがよいでしょう。理想は、皮膚の上はメッシュのウエアで、その上に木綿あるいはメリヤスのシャツを着て、そしてその上にトレーニングヤッケを着ることです。

　空気を完全に遮断し、熱がこもってしまうものは不適切です。

◆シューズ

　足や腰にいつも繰り返し疲れや痛みが出る場合は、足のアラインメントを点検します。適切なシューズとインソールを使うよう心がけます。

◆ベッド

　腰が疲れた日は、夜間は、平らで柔らかすぎず硬すぎもしないベッドに寝て、緊張緩和ができるようにすべきです。マットレスは使い古してへこんだものは使うべきではありません。柔らかすぎる場合は下に板などを敷くようにします。身体の形（例：臀部、股関節、肩）に合うようなマットレスを板の上に置いて使用するとよいでしょう。

2　頸部痛

　首の痛みは、たいていの場合、頸椎や上位胸椎の各セグメントの機能不全が原因となって起ります。痛みが肩、腕、背、後頭部に広がることもあります。

2-1　症　　状

　頭を捻ると強い運動痛が出ます。こわばり感があり、軽く横に倒したり少し捻ると楽になります。頭を痛い部位の方へ倒すと、その位置なら我慢できますが、その姿勢からはずれるとすぐに強い痛みが出ます。
　首からこめかみに緊張性の頭痛が出て、偏頭痛（へんずつう）となって悪心（おしん）や吐き気が出ることもあります（頸椎偏頭痛）。

> 注意　肩から腕、指まで痛みが放散するときには、医師の診察を受けるべきです。

2-2　原　　因

　頸部痛は、脊柱の過剰な動きや頭の素早い捻りが原因となってよく起ります（サッカーのヘディング、テニス、体操、ゴルフなど）。脊椎に傷害がある場合、頭を素早く動かすことで鋭い痛みが出ることもあります。

第2部　傷害各論

車の窓を開けて風にさらされることによって起ることもあります。とくに髪が濡れていると危険です。また、車やホテルの部屋のエアコンディショナーの風に当たるのも危険です。

ベッドが硬すぎあるいは柔らかすぎる場合、枕や首に当てるクッションが大きすぎる場合、飛行機やバスで慣れない寝方をしたとき（首が曲がった状態、捻れた状態）、旅行で重いバッグを片方でばかり持っているとき——これらは頸部痛を誘発します。

2-3　初期治療

痛みを確実に軽減させるためには、湿布を適当な大きさに切って、患部の首や肩に合わせてはり、楽な服を着るようにします。

首や肩を軽くさすると、リラックスや緊張緩和が得られます。それに対して強く深いマッサージをすると、痛みの状況の悪化を招くことがあります。さらに、赤外線治療（赤外線ランプ）も有効です。痛む部位を温水を含ませたタオルでおおい、赤外線ランプを約10～15分間照射します（約40～50cmの距離で）。

◆首巻きをして負荷を軽減

タオルを丸め（直径8～10cm）、2本のテープで留め、頸椎の周りに巻きます。

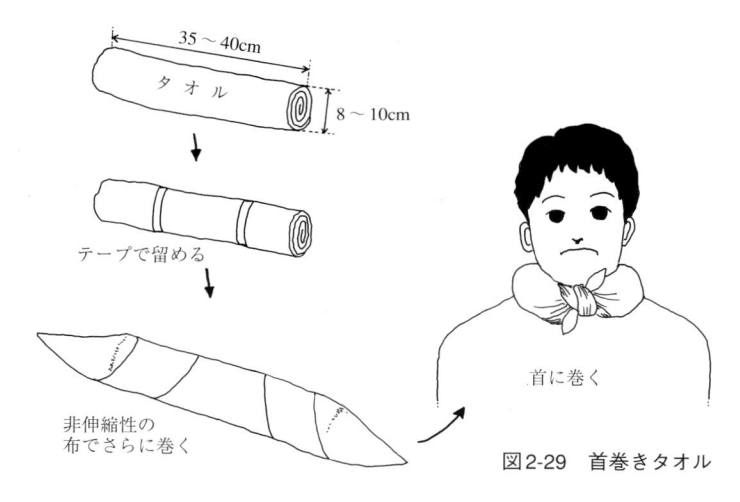

図2-29　首巻きタオル

第7章　腰部・頸部の傷害

薄い非伸縮性の布でタオルをくるんだものを使うと理想的なサポートとなります――35～40㎝幅のタオルで直径8～10㎝のチューブ状のものを作ります。布でさらに巻き、これを首の周りに巻いてチューブの端と端を結びます。

◆別の手段

タオルを太すぎないロール状に巻き（直径6～8㎝）、3～4本のテープで留め、首の下に置き、あお向けに寝て脱力します。膝を軽く曲げて下にクッションを置き、この位置から軽いソフトな動きで首を左右に回転させます。

> **アドバイス**　温水シャワーを使って簡単な治療を行うこともできます。シャワー室に椅子を置いて座り、シャワーの温度を徐々に上げていき、首と肩に当てます。同時に頭を軽く左右に捻って、痛みのない運動範囲を少しずつ広げていきます。次に、髪と皮膚をある程度乾かしてから、例えば、前述のように首にロールを当て膝を曲げてあお向けに寝て、頸椎の負荷を軽減させます。その際、頭をやさしくソフトに両方向に重力にしたがって倒すようにします。

2-4　その後の治療

頸部の筋のストレッチングを行います。椅子に座り、片手で椅子の足または座る面をつかみます。頭を反対側に、軽く緊張を感じるところまで倒します。頭を少し捻って軽く前に倒してもよいでしょう。このエクササイズを左右交互に10～15回行います。

◆その他のエクササイズ

椅子に座って背筋を伸ばします。両手で頭に抵抗をかけ、前に押します。それに対して頭をまっすぐに保とうとします（アイソメトリックの収縮）。数秒間力をかけます。これを10～15回繰り返します。

さらに、経験豊かな理学療法士の指導で脊柱の可動

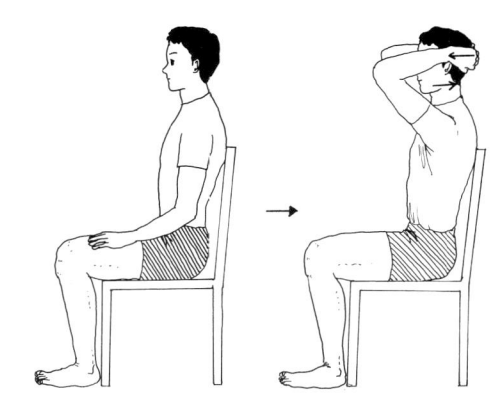

図2-30　頸部のアイソメトリックの収縮

性を向上させる体操をし、それを習得して家でも繰り返せるようにしましょう。
　痛みが長引く場合には、医師の診察を受けるようにしましょう。

2-5　予　防

　スポーツの前には、とくに首から肩にかけての部分に適切なウォーミングアップを必ず行うようにします（「ウォーミングアップ／ストレッチング」の項参照）。とくにラケット種目の場合（例：テニス、スカッシュ、バドミントン）首から肩の部分の筋が温まったと感じるまでは、急な動きは避けるべきです。

　シャワーの後、髪は乾かすようにしましょう。また、風にさらさないようにします。とくに皮膚や服が湿っているときは注意しましょう。汗をたくさんかいているときにも風に当たらないように注意します。蒸発によって皮膚と筋の熱が奪われ、夏でもかなり冷却されてしまいます。
　このあたりの筋は緊張しやすいし硬くなりやすい傾向にあります。したがって、シャワーの後は、首の部分にタオルやマフラーを巻くか、あるいは襟を立てるなどしておおい、湿ったシャツはすぐに着替えるようにします。

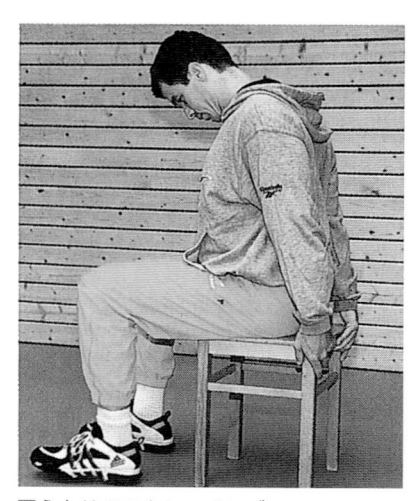

■うなじのストレッチング
　両手で椅子をつかみ、背筋を伸ばして頭部を前屈します。このとき顎を胸につけるようにするとよいでしょう。

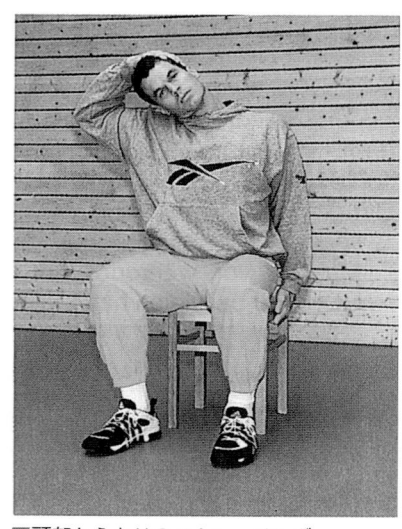

■頸部とうなじのストレッチング
　一方の手で椅子をつかんで固定し、もう一方の手で頭部を反対方向に20秒ぐらい引き下げます。このとき椅子をつかんだ側の肩を下げるようにするとよいでしょう。

第8章 Schulter/Ellbogen/Hand 肩・肘・手の傷害

1 肩関節脱臼

　肩関節脱臼は、関節脱臼の中で最も多いものです。とくに格闘技、球技、投擲(とうてき)種目、スキーなどで起ることが多い傷害です。上腕骨頭が関節窩から前、下あるいは後方へ脱臼します。その際関節包や靱帯が部分断裂することが多く、同様に関節唇（軟骨）も損傷します。

1-1 症　　状

　強烈な安静時痛、運動痛があります。肩関節の輪郭が変形し、腕の位置も変わります。患者はどう動かしても痛いので、ふだんと違って自分の腕を支える姿勢になります。

1-2 原　　因

　腕を伸ばした状態での転倒（例：スキー、柔道、体操、サッカー、自転車、乗馬）、あるいは、腕を振り上げた後に相手選手にブロックされて引っかかって動けなくなることでも起ります（ハンドボールで典型的）。

1-3 初期治療

　患者は、できれば寝た状態で、医師のもとあるいは病院へ行くようにします。絶対に素人が無理に肩関節を戻そうと試みてはいけません。骨折があるかもしれないからです（例：上腕骨頭骨折）。

第2部　傷害各論

> **重要**　腕は何かで支えるようにします（三角巾がなければセーターやトレーニングウエアを活用します）。とくにスキーでの負傷で救護用の橇（そり）を使用する場合は注意が必要です。

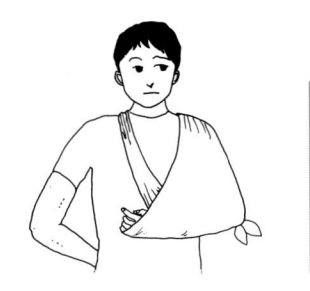

1-4　その後の治療

その後の治療は医師に委ねるべきです。脱臼した肩はできるだけ早く専門的に整復しなくてはなりません。通常は、整復後、三角巾で約3週間固定します。

1-5　予　防

肩の周辺の筋をよくトレーニングし発達させることで、肩の脱臼を防ぐ助けとなります。また、アイスホッケーでは、バンデージや特別な肩の防具を着用します。

2　肩鎖関節脱臼（かたさかんせつだっきゅう）

肩鎖関節は、鎖骨と肩甲骨の突起の間の関節結合です。これは肩関節の上方にあり、靱帯によって保持されています。肩鎖関節脱臼では、この靱帯が伸ばされたり断裂したりします。

2-1　症　状

強い運動痛、圧痛があり動かせなくなります。受傷後すぐに腫れてきます。肩鎖関節のケガをすると、スポーツ活動をそれ以上続行することができません。最初の瞬間、腕は麻痺して垂れ下がります。患者は本能的に、自然に上体をかがめます。典型的に、「ナポレオンの姿勢」のように上腕を身体につけ、前腕を胸に置き、手でウエアやシャツやズボンのベルトをつかんで腕を保持しようとします。

靱帯が断裂すると、いわゆる「鍵盤現象(けんばん)」が起ります。鎖骨が固定されず上に浮き上がってしまい、それがピアノの鍵盤のように押すと下がり、離すと上がって浮いた位置に戻るという現象です。

2-2 原　　因

肩鎖関節脱臼は、ほとんどの場合、立った状態あるいはジャンプ（例：サッカーのヘディングの助走）からのコントロールできない転倒によって起ります。また、助走からのジャンプスロー（ハンドボール）あるいはアイスホッケーの際のボディーチェックの後などに起ります。

2-3 初期治療

「Hot-Ice」で冷却します（「補助手段」の項参照）。氷水をスポンジやガーゼに含ませたもの（楕円形、約6×10cm、厚さ0.5〜1cm）を患部に置き、圧迫をして8〜10cm幅の弾性包帯で巻きます。

バンデージは患側の肩の腋の下から始め、パッド（スポンジ、ガーゼ）の部分をくるみ、肩関節を巻いて、さらに胸を通って反対の腋の下へ、そして背中を通って元の位置に戻るように巻きます。

バンデージの端は、テープを使って固定します。湿布の時間は約20分間、4〜5回反復します。

初期治療を終えたら、切ったスポンジの上に軟膏を塗りつけ、それを患部に載せて、上から幅の広いテープを当て、テープの端を胸と背に固定します。約60cmの長さのテープを数本使って、テープの中央がスポンジに当たるようにします。そして端を下前（胸）と下後（背）に強く引いて皮膚に貼り付けます。テープの端は、別のテープを横に渡して留めます。

このテープテクニックの応用としては、エラスティックテープの健側の端を肩にしっかりと固定し、そこから首の下を通って、患側の肩鎖関節を通り、腋の下に回して開いた上腕の外側へ出し、上腕を外からテープで固定します。こうすることで腕の重みによって自動的に損傷した肩鎖関節に圧迫が加わります。肩鎖関節にかかる負荷を減らすには、腕をつり包帯（マフラー、三角巾、ネクタイ、ベルトあるいはタオル）でつるとよいでしょう。

このような保護をしたら、患者は絶対に医師の診察を受けるべきです。

2-4 その後の治療

その後の治療に関しては、医師と理学療法士に委ねます。

2-5 予　防

肩関節脱臼と同様、肩周辺の筋の状態をよくしておくことで予防することができます。アイスホッケーでは肩の防具を着用します。

3 肩関節周囲炎（五十肩）

肩関節は、人体で最も大きく動く関節です。関節包、靱帯、筋、腱からなる独特の解剖学的構造によって、大きな動きが可能となっています。この構造自体にもともと何らかの傷害があると、肩関節周囲炎などの重大な問題にいたる可能性があります。肩関節周囲炎とは、軟部組織（筋、腱、滑液包、関節包）が原因となる炎症性の傷害で、とくに運動が制限された状態を指します。

3-1 症　状

肩関節周囲炎のときには、強い痛みが肩の前部や外部にあらわれ、それによって、動かすことができなくなります。患者は典型的なかばう姿勢をとります。肩をかばい、それ以上の痛みを避けるために、上腕を上体に当てます。腕を上げようとしても力が入らないのが特徴で、腕を上げると大きな痛みがあるので肩甲骨から上げようとします。悪い方の肩を下にして寝ると非常に強い痛みがあります。まれに、温まりすぎると肩が痛むこともあります。

3-2 原　因

原因としては、以下のようなことが考えられます。
○かたよったトレーニング負荷、慣れない負荷による慢性的なオーバーロード（例：テニスのサーブの積極的練習、ゴルフの過度な動き）。
○肩を打ったり、あるいは転倒などの外力の作用による、肩関節、関節包、

第8章　肩・肘・手の傷害

靱帯機構、腱、筋、滑液包の外傷。とくに、腱、筋の付着部の変性。下部頸椎に神経根の刺激。血中尿酸値が上がる場合もあります。

3-3 初期治療

　肩関節は保護する必要はありますが、しかし固定すべきではありません。疼痛を緩和するには温かいシャワーを当てることが有効です。患部にソフトな水流でマッサージをしながら、徐々に水温を上げていきます。次に、アイスキューブまたはアイスローリー（小さなヨーグルトの容器に水を入れ、棒を差し込んで凍らせたもの。P.14参照）で広い面をこすります。3〜4回、20秒間行います。その間、皮膚はタオルでこまめに拭くようにします。

　肩が局所的に発熱していたら（左右で同じ部位を比較して）、冷湿布で熱を吸収します。冷却が弱まってきたら湿布を交換します。別の方法としては「Hot-Ice」が挙げられます（「補助手段」の項参照）。
　痛みが温熱によっておさまる場合は、ホットパックを使います。

前後　　　　　　　　左右

　　　　　　　　　　　　　　　　　　1日に腕を動かすエクササイズを2〜3回行い、痛みのない範囲を広げるようにすることをお勧めします。例えば、腕を軽くスイングするなどです（前後、左右）。これで痛みが出なかったら、慎重に腕でペダリングをします。手に何か負荷となるもの（例：本やビン）を持つことによって、

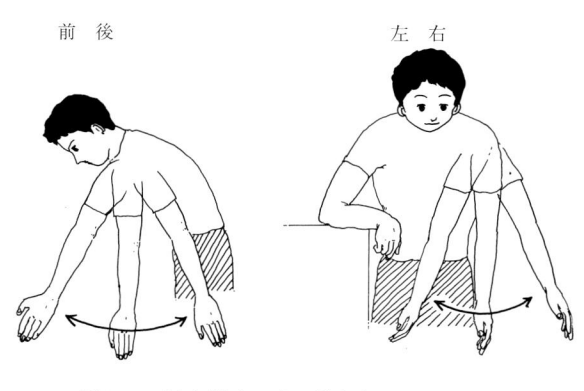

図2-31　腕を軽くスイングする

負荷を大きくしていきます。各エクササイズを5〜6分ずつ行います。

注意　急性の痛みがあらわれた場合、あるいは痛みが肘をこえて前腕まで放散する場合は、すぐに医師の診察を受けるべきです。
　　　過食やアルコールを飲んだ後に発症した場合、痛風が疑われるので、同様に医師の診察を受けることが必要です。尿酸値が上がっている可能性があります。

第2部　傷害各論

3-4　その後の治療

　その後の治療として勧められるのは、もともとの運動能力を再び回復することを目的とした運動療法です。そのためには必ず、経験のある理学療法士の指導を受けるようにします。かばう姿勢をとったり、固定して肩を動かさなくなったりすると、すぐに癒着し、関節包が収縮してしまいます。

　筋の萎縮（いしゅく）を防ぐためには、筋力トレーニングをお勧めします。これは、まずトレーナーの指導を受けて習得した後、自分でも同じように反復できるようにすべきです。

　最適なのは、ゴムチューブを用いたストレッチング、リラックスと筋力トレーニングです。腕を開いて伸ばして、ドアのノブや足に固定したゴムチューブを前・上・下に引きます。また、腕を開き、肘を曲げて外旋・内旋します。その他、セラバンドを高い位置に固定し、腕を伸ばして下・後方へ動かします。これらは1日に何回も実施できる非常に効果的なエクササイズです。

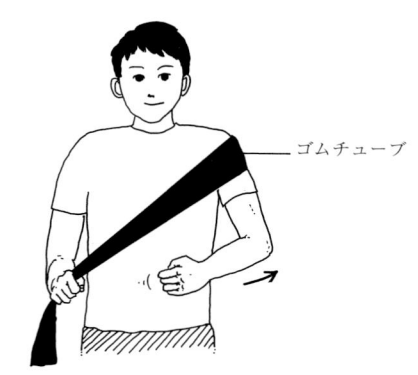

図2-32　ローテーターカフのチューブエクササイズの一例（棘上筋のエクササイズ）

重要　エクササイズは全て、一貫して正しい方法で実施することが重要です。痛みが出たらすぐに中止します。

3-5　予　　防

　よいトレーニング状態を保ち、肩の筋をよく発達させておくようにします。トレーニングにおいては、かたよった負荷を避けます。また、肩の筋のバランスを損なわないようにします。

アドバイス　ラケット種目では、利き手の反対側のふだんあまり使わない肩も、適切なエクササイズで同様にトレーニングするよう注意すべきです。肩関節に関与す

第8章　肩・肘・手の傷害

る筋は全て、同じようにトレーニングしなくてはなりません。
冷気や風にさらされるのを避け、汗をかいた状態で車の窓をあけ、風に当たったりしてはいけません。尿酸値が高い体質の場合には、医師が勧める低蛋白食を守り、アルコールは避けるようにします。

4 テニス肘／ゴルフ肘／野球肘

　スポーツにおいて、肘で最も多い傷害は、通常「テニス肘」とよばれているものです。肘の外側面にある前腕伸筋腱の骨への付着部が炎症を起すもので、痛みのきつい急性の傷害です。スポーツ活動はそれ以上続行すべきではありません。コーヒーカップやグラスを持ち上げるといった、ちょっとしたことで痛みが出る場合もあります。

　すぐに適切な治療をすべきで、そうすればこの傷害は比較的うまくコントロールすることができます。「テニス肘」は一度慢性になってしまうと、治癒に長期間かかるようになってしまいます。

(1) 急性炎症のテニス肘

　痛みの出方は、必ずしも一定ではありません。ハードな試合の後、慣れないかたよった負荷（例：捻る動き）がかかった後に痛みが突然出ることもありますし、徐々に出ることもあります。

　急性の場合、握ったり重いものを持ち上げようとすると強い痛みが出ます。痛む部位は、肘の外側の腱の付着部で、圧迫すると非常に敏感に反応します。痛みの中心は、部位としては非常に局限されていることが多いのですが、痛みが前腕に放散することもあります。それと並行して、肘の周囲の筋が張ります。テニスのプレーはそれ以上続行すべきではありません。

> **アドバイス**　「テニス肘」かどうかの判定には簡単なテストがあります。手を机の上に平らに置き（手の甲が上）人差し指と中指に上から負荷をかけ、それに対して上に持ち上げようとします。そのときに肘の外面に痛みが出たら、それは「テニス肘」を示唆します。

(2) ゴルフ肘／野球肘

テニス肘と対比される傷害で、野球選手、陸上競技選手（やり投げの選手：「投擲肘（とうてき）」）、あるいはゴルファーに起りやすい傷害です。この場合は、痛みはおもに肘の外側面ではなく内側面に起ることが多いのが特徴です。

● 原　　因

そのスポーツ種目で、前腕の筋や腱にオーバーロードがかかったり、間違ったテクニックを使うこと（まれではない）が原因となって慢性の炎症が起ります。例えば、手が身体から離れすぎた状態で投げたり、あるいは肘を曲げすぎた状態から投げ出すなどです。

ゴルファーの場合は、同様に、オーバーロード（例：ティーショットのとき無理なスイングで大きな力を出そうとする）、不適切なテクニック（例：クラブの振り抜き方が悪い）、あるいはまたクラブで地面をたたいてしまうことによって起ります。処置のしかたは「テニス肘」の場合と同様です。

痛みがおさまらなかったら医師の診察を受けるべきです。「野球肘」の場合は、肘関節自体の問題、関節包・靱帯の小外傷、また、まれなケースでは腱付着部の軟骨の剥離を誘発する危険があります。

● 初期治療

生活全般、すなわち家でも仕事でも安静と保護をするようにします。女性の場合、例えば家事労働の後（例：アイロンかけ）、秘書として何時間もタイプライターやコンピュータで仕事をした後などに、「テニス肘」の症状を起すことがあります。また、姿勢が悪いとしばしば筋のアンバランスを招き、それによって頸部の痛みやあるいは気づかないうちに頸椎の障害を起す場合があります。それらが「テニス肘」の発生を助長します。

痛みがおさまったと感じたら、「Hot-Ice」を数回行うことをお勧めします。氷水に弾性包帯を浸し、前腕と肘に巻きます。バンデージは常に湿らせるようにします。その際冷たさが不快に感じられたら、頸椎部の障害の可能性が

あるので、その場合は医師の診察を受けるべきです。

　低めの温度での腕浴も有効です。入浴剤を入れて約10〜15分行います。その後痛みのある部位に、軟膏を塗り込みます。
　あるいは、軟膏を塗って数分間軽擦します。あるいは、長時間にわたって湿布包帯をします。包帯は8時間ごとに取り替えるようにします。

● その後の治療

　次の項参照のこと。

(3) 慢性テニス肘

● 症　状

　慢性「テニス肘」は、急性の傷害を甘く見てきちんと対応しなかったことによって起ります。急性「テニス肘」とは違い、慢性の場合は、絶対の安静は必ずしも必要ではありません。痛みはある程度おさまりますが、完全には引きません。痛みは数週間から数か月間続きます。
　ときどきよいパートナーあるいは指導者と時間を制限してテニスのプレーをすること（例えば、45分間のリズミカルな打ち合い）は、適切な処置をして効果的なバンデージをしたうえであれば可能です。疲れるまでプレーしてしまうと、新たに痛みが出てしまうので注意しましょう。

● 初期治療

　理学療法士による適切な治療を受けます。それとともに、温熱療法もたいていの場合効果的です。
　湿らせたタオルを肘に当て、ビニールでカバーして、約30分間、電気毛布または湯たんぽでくるんで温めます。電気毛布の場合はスイッチを入れたり切ったりして温度を調節し、温度を一定に保つようにします。

◆ファイヤーパック（1日2回、15〜20分間）
　軟膏を1〜2cmの厚さで患部から前腕の中央まで塗って、ビニールでくるみます。次に湯たんぽを当てるか、電気毛布でくるみます（P.13参照）。

第2部　傷害各論

注意	皮膚が温熱に合わずに何らかの反応が出たら、湯たんぽや電気毛布をはずします。痛みが必ず温熱で緩和されるとは限りません。まれではありますが、痛みが活性化され憎悪することもあります。 その場合には温熱をはずして、痛む部位を氷でこすって冷却します（約10〜15秒冷却し、次に10〜15秒休憩する。これを4〜5回反復）。
アドバイス	小さなヨーグルトの容器に水を入れ、棒をさして凍らせます。形になった棒つきの氷、アイスローリーを治療に活用することができます（P.14参照）。

● その後の治療

　この後は、急性症状がおさまった段階と同様に、前腕の筋のストレッチング、筋力強化、リラックスのためのエクササイズが非常に重要です。その際、絶対に痛みが出る限界をこえてはいけません。

◆セルフマッサージ
　痛むポイントを反対の手の親指で押します。その際、人差し指、中指を補助に使います。痛む部位を軽く圧迫して、痛みが和らぐまで、親指を内側・外側へ動かします。次に筋の痛む部位から骨の突起まで、縦横にマッサージします。マッサージには軟膏を併用してもよいでしょう。

◆有効なエクササイズ
○ストレッチング……手を握りしめ、親指が下を向くように、できるだけ内側にねじっていきます（回内）。肘は伸ばして、腕は外へ持っていきます。手は手関節でできるだけ外側にねじります。前腕の筋に緊張感を感じるところまで（10〜15秒間、5回反復）。

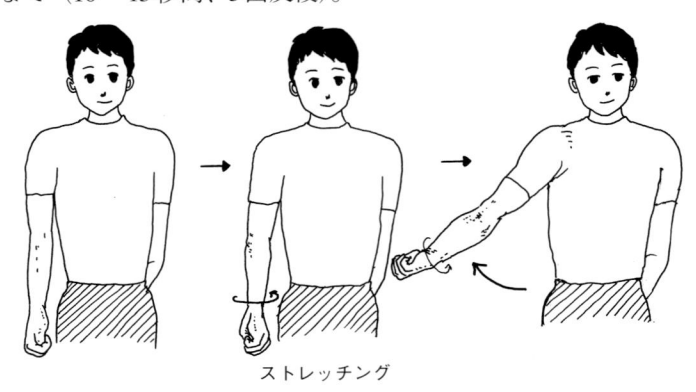

ストレッチング

○リラックス……肘を軽く曲げて、手を素早く振ります。振りながら、腕をゆっくりと頭上に上げていきます。
○毎日短時間、ボールなしでテニスの素振りをする……正しい姿勢、スタートの構え、ストローク、テイクバックを心がけて振り出します。
○伸筋、屈筋、回旋筋の筋力強化のためのエクササイズ……前腕をテーブルの上に置き、手をテーブルの先に出します。手関節をテーブルの縁の高さに保ちます。その位置から手関節を上下に動かします。

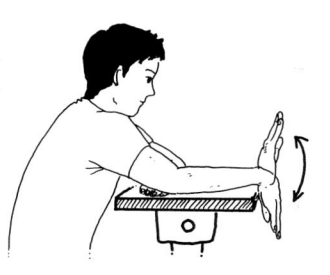

・伸筋：手のひらを下に向けてラケットのシャフトの中央を握り、手関節をゆっくりと最大限伸展させます。その後筋緊張をゆるめ、手を再び下に下ろしていきます。10回のセットを反復し、筋に疲労が出るまで行います。
・屈筋：同じように屈筋もトレーニングします。今度は手のひらを上に向けて行います。

伸筋のエクササイズ　　　　屈筋のエクササイズ

・回旋筋：手のひらを下に向け、重さが左右均等になるようにラケットを持ちます。その位置で、手を両方向、左右に捻ります。

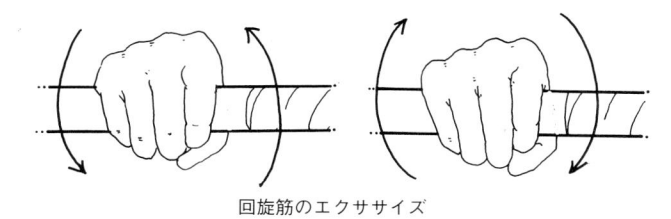

回旋筋のエクササイズ

トレーニング効果は、グリップの近くを握ること、あるいはダンベル（最大2kgまで）を持つことで高めることができます。しかし、トレーニング効果は筋を疲労させることによってあらわれるので、必ずしも負荷の重量を上げなくても、エクササイズの反復回数を上げることによっても効果を高めることができます。筋に疲労が感じられたら、長めの休憩を入れるようにします。

> **重要** どのエクササイズにおいても、痛みがあったらトレーニングをしてはいけません！

● 原因と予防

「テニス肘」は、近年幸いなことに、テクニックの習得が向上し、またラケットが改善されてきたことにより減ってきています。それでもまだ「テニス肘」の原因で最も多いのは、やりすぎ、よくない用具、悪い動きなどです。

「テニス肘」を予防したいと思うのであれば、以下のアドバイスにしたがうとよいでしょう。

◆準　備

典型的なテニスの障害を防ぐためには、全身の状態をよくしておくこと、そしてそれとともに、積極的にウォーミングアップを行うことも不可欠です。身体が冷えたままコートに出てすぐに打ち始める悪い癖が、残念ながらまだまだ一般的に見受けられます。本来、まず「温める」ことが重要です。少しジョギングをして軽く汗をかいた後、下腿、大腿、背筋と肩周辺の筋のストレッチングから開始するようにします（「ウォーミングアップ／ストレッチング」の項参照）。

そのためには、テニスの場合、打ち始める前にウォーミングアップの時間を少なくとも15分間はとるべきです。ゴルファーの場合は、始める前に、約10分間、背筋、肩、腕をウォーミングアップして温めるようにします。

陸上競技の場合、筋が運動に適切な温度に達し、パフォーマンスの準備ができた最適な状態にするためには、60分以上必要とする場合もあります。

> **アドバイス** 試合やトレーニングの前に、頸部の筋、上腕、前腕にマッサージオイルを少しぬるのも有効です。

第8章　肩・肘・手の傷害

　また、一時的には、テニス肘用バンデージを活用することができます。これは、前腕の筋へのオーバーロードを制限し、ある程度のマッサージ効果を持つものです。

◆ラケット

　正しいラケット選びは非常に重要です。購入前にコーチや指導者にアドバイスを求めるようにしましょう。現代的な枠が太く面の大きい合成樹脂のラケットは、流行遅れのメタルラケットと比較して、衝撃吸収にすぐれ、縦横がぶれないように根本的な改善がなされています。

　それでも選択を誤って、重すぎたり軽すぎたりするラケットを使用すれば、やはりそれはリスクファクターとなってしまいます。

◆ガットの張り

　趣味でスポーツを楽しむスポーツマンの多くは、とかくメディアの記事を見てはテニスのプロの真似をして、自分のガットの張りをやたらと強くしすぎる傾向にあるようです。ガットを非常に強く張ることが成功の秘訣であると思いこんでいるのでしょう。しかしそれは間違いです。張りの強さは各自のプレー能力と体力に合わせなくてはなりません。

　張りを柔らかくすると弾力性が高くなるため、ハードな張りよりも鋭いボールが打てる場合があります。さらにボール感覚が大きくなります。一方、張りをハードにするとラケットの中央で正確にボールを捉えることが必要となります。そうしないとストロークに正確性が出ません。またハードな張りの場合、ボールを正確に捉えないと、前腕に大きな力がかかり、それに耐えきれなくなる場合があります。

◆グリップ

　グリップの太さも自分に合ったものでなくてはなりません。グリップが太すぎたり細すぎたりすると、余計な力が必要となり、オーバーロードとなる危険が高まります。グリップの適切な太さは各自で見つけることができます。適切な太さは、グリップをゆるく握ったとき、人差し指の先と母指球の間に反対の手の小指がおけるくらいの太さです。グリップバンドはときどき取り替えるようにします。

143

◆ストロークテクニック

テクニックが悪いと、前腕の筋に大きな力がかかり、オーバーロードになりやすくなります。とりわけ初心者、年少者、そしてまた久しぶりに再開したような人は危険です。最初にまず正しいストロークテクニックを習得するようにしましょう。

> **注　意**　タイミングよく構え、ストロークを打ち出し、すぐに止めないようにします。動きが「とぎれた」ストロークは、生理的に不適切で、筋や腱に大きな負荷がかかります。「バックハンドスライス」や「トップスピン」は、非常に複雑なむずかしい動きで、たくさんの練習が必要です。「バックハンドスライス」や「トップスピン」は、正しくストロークすれば非常に有効となりますが、誤ったテクニックで使うと危険です。

◆ボール

テニスボールを買う際には、クオリティーの高いものを買うようにし、あまり長く使い続けないようにしましょう。また、湿った屋外コートでは注意を要します。コーティングが湿っているときには、ボールが水分を吸収して重くなって、ストロークの際に筋に強い負荷がかかります。

> **アドバイス**　トレーニングを再開するときには、もう一度、あらためて1～2時間、経験豊かな指導者の指導を受け、習慣となっているテクニックから適切なテクニックに切り替えるようにしましょう。ストロークテクニックは、場合によってはビデオの映像を分析して検討するとよいでしょう。わずかな時間でも指導を受けることは、非常に意味があることです。

◆コートのサーフェス

コートのサーフェスによっては「テニス肘」が誘発されることがあります。また別のサーフェスに変更することによって起ることもあります。サンドコートでは、ボールをかなり正確に予測することができ、滑ることもできるため、テニス肘の発生はあまり多くありません。

しかしながら、その他のコンクリート、人工芝、合成樹脂、カーペットなどのコートでは、ボールがより速く低くはね、弾道のカーブがより平らになります。ボールの予測とボールへの準備がむずかしくなります。そのため、あわててバランスを崩して無理なストロークで対応することが多くなってしまいます。不適切なストロークを、手関節と前腕の筋が一瞬硬直して埋め合わせようとします。そうしたことでしばしば「テニス肘」が誘発されること

になります。

◆負　荷

　テニスはゴルフと同様、「中毒」になりやすいものです。しかしながら、とくに初心者、あまり熟練していない人、再開したばかりの人は、やりすぎにならないよう注意すべきです。やりすぎは不健康であると認識べきです。このようなプレーヤーには、トレーニングあるいは試合の間に2～3日、間をあけて、筋を回復させることをお勧めします。

　以上挙げたのは、「テニス肘」のための日常レベルの原因と留意点です。しかしながら、医師だけが確認しうる原因や二次的な原因もあります。例えば歯髄炎、扁桃腺炎（へんとうせん）、副鼻腔炎（ふくびくう）、前立腺炎（ぜんりつせん）、肘関節の障害、頸椎部の障害、高尿酸値など、気づかれにくい病巣が含まれます。

アドバイス	トレーニングや試合の間にも予防を継続して行うべきです。とくに暑いときには喪失した水分を常に補充するようにします（少量ずつ！）。レモネードなどではなく、できるだけミネラルウォーターで補充します。リフレッシュによいのはレモンティーです（「栄養、食事と飲料」の項参照）。 長年の経験から言うと、プロがフィールドサイドで飲んでいるドリンクは、実は宣伝で言われているような、その容器に表示されている商品とは限らないようです。

◆スポーツにおけるバナナについて

　長い試合の間に空腹感を感じたときには、テニスのプロはしばしばバナナを食べることによって落ち着かせています。果物は消化がよく、熟れたバナナは約10％のグルコースと約90％のデンプンを含んでいます。これがフラクトースとグルコースに分解されます。また、口内で唾液が作られ、口が渇くのを防いでくれます。さらに、バナナはかなりの量のカリウムを含んでおり、これは疲労回復に重要なものです。

　それに対しリンゴは、胃腸障害を起す可能性があります。リンゴは酸味が強く、試合ではアドレナリン値が高まるため、胃酸の分泌が高まる傾向になるためです。

5 手・指の外傷

　手や指、その関節がなければ、さまざまなスポーツのバリエーションをこなすことは不可能です。手は物をつかむ、打つ、突く、握る、支える、押す、投げる、引くなど、あらゆる動きをします。アリストテレスもすでにこのように認識しています——「手は道具の中の道具である」。手は運動と解剖の驚異であると言えます。手にケガをすると、人、とくにスポーツ選手は、本当の意味で「ハンディキャップ」の状態となってしまいます。手、指のケガは非常に多様で、打撲、捻挫、脱臼、腱断裂、剥離、関節包損傷、靱帯機構の損傷、あるいは骨折などがあります。

　指の骨折に関しては、「骨折」の項を参照してください。

5-1 症　　状

　指の外傷は、部位が小さいのわりには、それに不釣り合いなほど非常に痛みが強く、治癒に長期間を要することもしばしばです。いちじるしい運動痛、圧痛をともなう場合があります。たいていの場合、短時間ですぐにひどく腫れてきます。脱臼や骨折を起して変形して見えることもあります。靱帯損傷の場合は関節の不安定感が生じます。伸筋腱損傷の場合は（ほとんどの場合が末節骨からの剥離）、末節関節を自分で能動的に伸展することができなくなります。

　指の痛みが強く、腫れ、不安定感、変形がある場合には、医師の診察と処置が必要です。

5-2 原　　因

　指を開いた状態での転倒、打撲や突きといった外力の作用——よく起るのは、指先に不運にもボールが当たることによる突き指です。とくに危険なのはゴールキーパー（ハンドボール、サッカー）とバレーボールやバスケットボール、野球のプレーヤーです。

　その他の原因としては、相手のユニフォームに手が引っかかる、砲丸投げの選手が砲丸を滑らせるといったことが挙げられます。「スキー指」は曲が

った親指がスキーストックの手革に引っかかることによって起ります。この場合や「野球指」（指の伸筋腱断裂）の場合、医師による正確な診断と処置が必要です。場合によっては手術が必要となります。

5-3 初期治療

軽くぶつけたり捻ったりした程度の場合は、自分で治療が可能です。指全体を「Hot-Ice」圧迫包帯で、氷水を含ませた小さなスポンジや脱脂綿を、ガーゼ包帯などで巻きます。血行を阻害しないよう、一部ではなく指全体に巻くようにします。バンデージは常に外から氷水で湿らせるようにします。圧迫包帯は20分ではずし、2分間休ませてから、再び巻きます。これを3〜4回繰り返します。

重傷の場合は、脱臼や骨折が疑われるので圧迫をしてはいけません。軽くガーゼ包帯を巻くか、あるいは吸湿性の素材に氷水を含ませ、損傷した関節に巻くだけにします。これを20分以上、3〜4回行い、次に湿布包帯を巻きます。

ケガをした指（母指以外）はできるだけ隣の大きい方の指に固定します。その際、薄いスポンジを間にはさむようにします。指はリラックスさせ軽く

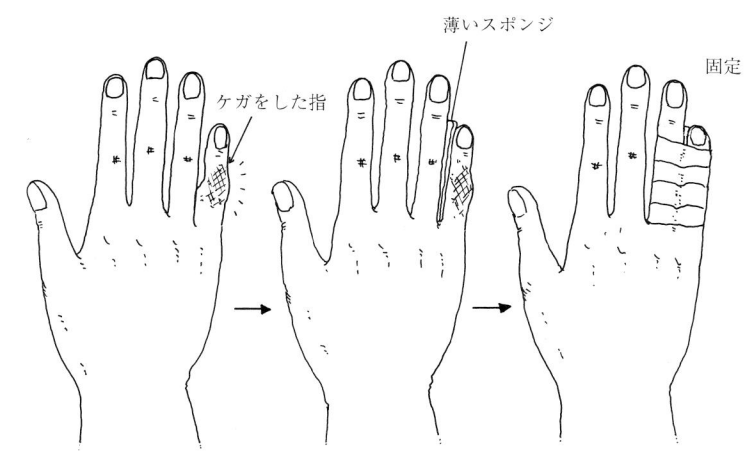

図2-33　ケガをした指の固定方法

曲げた位置で巻きます。包帯はまず10日間、その後は状況によって期間を伸ばしていきます。

関節包、靱帯の損傷では、保護と固定が必要となります。さまざまな大きさの既製品のフィンガーシーネで指を包んで数週間装着することも可能です。たいていの場合、それをしたままスポーツ活動を行うことも可能です。

指の傷害は慎重に扱い、念のためレントゲンを撮ることをお勧めします。残念ながら、骨折や剥離が見過ごされることが多いのが現状です。

5-4 その後の治療

固定し安静にしている間に手指に明らかな筋力低下が見られたら、スポーツ活動の再開前に、手・指の筋を、柔らかいボール、治療用のゴムのネット、ゴムボール、ダンベルなどを使って強化すべきです。

5-5 予　　防

図2-34　ボール握りによる筋肉の強化

種目によっては（スキー、スノーボード、スケート、アイスホッケー、スケートボード、マウンテンバイク）、グローブをすることで指の傷害を予防するようにします。サッカー、ハンドボール、ホッケーのゴールキーパーは、必ず専門のグローブを着用すべきです。

バレーボール、バスケットボール、球技のゴールキーパーは、指にテーピングをすることをお勧めします。ケガをしやすい指の関節、とくに前にケガをしたことがある場合には、テープを機能的に適切に巻くようにします。

とくに手指の傷害の危険の大きいスポーツ選手は、指の体操や指や手の筋力トレーニングをすることをお勧めします。

6 舟状骨骨折
しゅうじょうこつ

　手関節の親指側のケガは、たんなる関節の捻挫であると片づけられて骨折を見逃されがちです。舟状骨骨折は、転倒時に手を反らしてつく、あるいはまたゴールキーパーが強いボールを手に受けたときなどに起ります。舟状骨骨折に気づかなかったり、処置が不適切であったりするとスポーツができなくなることもあります。必ず医師の診断を受ける必要があります。

6-1 症　状

　局所的に強い圧痛、運動痛、手を突くことによる痛み、腫れ、出血（内出血による変色）、親指に力が入らない。

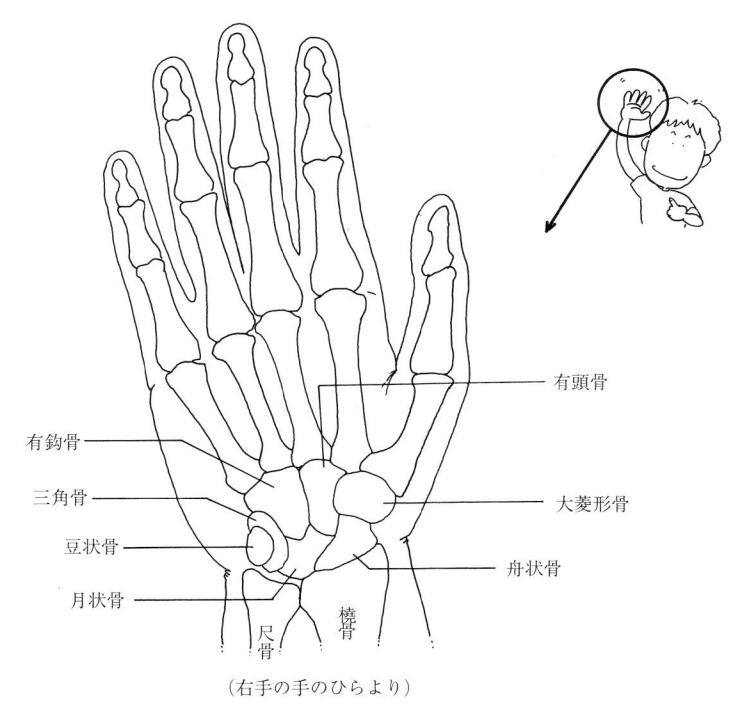

図2-35　手根骨の構造と各部の名称
（右手の手のひらより）

6-2 初期治療

医師の診断、治療を受けるまで、腫れや出血が広がらないような処置をすべきです。「Hot-Ice」で冷却します（「補助手段」の項参照）。

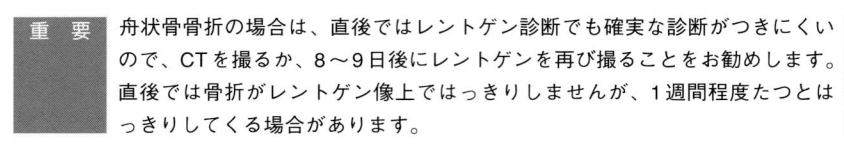

> **重要** 舟状骨骨折の場合は、直後ではレントゲン診断でも確実な診断がつきにくいので、CTを撮るか、8〜9日後にレントゲンを再び撮ることをお勧めします。直後では骨折がレントゲン像上ではっきりしませんが、1週間程度たつとはっきりしてくる場合があります。

治療方法……長期にわたるギプス固定（通常3か月、場合によっては4か月）、続いて理学療法士によるインテンシブな物理療法を行います。骨折面が離れてしまった場合、その程度によっては、早く確実に治癒させるために手術を行います（骨接合術）。

スポーツ選手の場合は第一に手術をする傾向にあります。手専門の整形外科医への紹介を受けることをお勧めします。

応急処置セット

　ケガをしたときに迅速に適切な処置用具で処置を施すことは、多くの場合、その後の経過に決定的なよい影響を与えることになります。応急処置セットとしては、以下に挙げるものをそろえることをお勧めします。これらは薬局や専門店でそろえることができます。

1. ガーゼ6枚（10×10 cm 3枚、5×5 cm 3枚）
2. 消毒薬1本
3. 絆創膏1箱
4. 弾性ガーゼ包帯1巻
5. 弾性包帯2巻（8〜10 cm幅）
6. アンダーラップ（7.5 cm幅）
7. エラスティックテープ（皮膚に刺激のないもの、7.5 cm幅、10 cm幅）
8. テーピング用ホワイトテープ
9. 冷却パック1
10. スポンジ1
11. マメ用プラスター
12. マッサージオイル1本
13. 60％エタノール
14. はさみ1挺

その他用意すべきもの
15. アイスボックス1個（5 ℓ）

重要　使用したり持ち出したりした後には、必ず補充しておくこと！

[著者紹介]

◆ Dr.ヴォールファルト

　1942年生まれ。1975～77年ヘルタBSCベルリンのチームドクターを務める。1977年4月から、FCバイエルンミュンヘンのチームドクターを務めるかたわら、ミュンヘンで整形外科とスポーツ医学の専門医として開業。1996年からサッカードイツ代表チームのチームドクターとして、トレーナー等とメディカルチームを組織し、選手に対して最善の処置を行っている。

　診断医という分野でその才能は高く評価されている。現在スポーツヘルニアと呼ばれている鼠径ヘルニアの診断でも評価され、日本人Jリーガーも浦和レッズの福田選手、ジュビロ磐田の中山選手等、多数の選手が渡独し、診断を受け、その後回復して活躍している。サッカー以外でも、テニスのボリス・ベッカーをはじめとして、スキーその他、さまざまな種目の選手を診てきている。

◆ モンターク

　1941年生まれのスポーツトレーナー。1995年にはオーベルハヒングのスポーツ学校に現代的なリハセンターを開設。そこで、Dr.ヴォールファルトとの連携で、世界中のトップアスリートをケア。1985年からサッカードイツ代表チームのメディカルスタッフに加わっている。それに先立ち、ドイツホッケー連盟に携わり、オリンピックやワールドカップ、ヨーロッパ選手権に同行。ドイツスポーツ連盟の講師も務める。

　1996年サッカーのヨーロッパ選手権ではドイツが優勝したが、そのときのドイツ代表チームは、クリンスマン、ザマーといった中心選手がケガを抱えている状態であった。そのメディカルチームの中心として、彼らを復帰させ、優勝に大きく貢献した。残念ながらこの本の執筆直後に急逝された。今は亡き彼の著書としてもこの本は貴重である。

[監訳者紹介]

◆ 福林 徹（ふくばやし　とおる）

　1946年、神奈川県生まれ。1972年、東京大学医学部卒業。同大整形外科、筑波大学臨床医学系整形外科助教授、東京大学大学院生命環境科学系教授を経て、現在、早稲田大学スポーツ科学部教授。

　日本サッカー協会スポーツ医学委員、ワールドカップ・フランス大会日本代表チームドクター。日本体育協会公認スポーツドクターおよび同養成委員会委員。

[訳者紹介]

◆ 今井純子（いまい　じゅんこ）

　1966年、東京都生まれ。筑波大学第二学群比較文化学類卒業、ダブリン大学留学。筑波大学大学院博士課程単位取得卒業。現在、(財)日本サッカー協会技術部テクニカルハウス勤務。これまでに、サッカーを中心としたスポーツ図書の翻訳家として活躍。おもな訳書に『サッカーのファンクション体操』『21世紀のサッカー選手育成法』（いずれも大修館書店発行）などがある。

サッカー選手のケガ―その予防と治療法
ⓒ T. Fukubayashi 2000　　　　　　　　　NDC783 vi,151p 21cm

|初版1刷発行——2000年7月15日
|　5刷発行——2006年9月 1 日
|監訳者————福林　徹
|発行者————鈴木一行
|発行所————株式会社 大修館書店
|〒101-8466　東京都千代田区神田錦町3-24
|　　　　　　電話 03-3295-6231（販売部）
|　　　　　　　　　03-3294-2358（編集部）
|　　　　　　振替 00190-7-40504
|［出版情報］ http://www.taishukan.co.jp
|　　　　　　http://www.taishukan-sport.jp（体育・スポーツ）

装丁者————平　昌司
イラスト———鮫島菜穂子
レイアウト——たら工房
印刷所————図書印刷
製本所————図書印刷

ISBN4-469-26450-4　　　　　　　　Printed in Japan

Ⓡ本書の全部または一部を無断で複写複製（コピー）することは、著作
　権法上での例外を除き禁じられています。